삼국지톡

삼국지톡 12

글 무적핑크
그림 이리
기획·제작 YLAB

문학동네

등장인물

유비(字 현덕)

형주에 있는 유표를 찾아가는 길에 조조군에게 습격을 당한다.

조조(字 맹덕)

원소에게 지는 것을 무엇보다 싫어한다.
관도에서 원소군과 전투중이다.

원소(字 본초)

관도에서 조조군과 전투하는 도중에 숨겨왔던 병이 도진다.

관우(字 운장)

조조를 떠나 유비, 장비와 다시 만난다.

장비(字 익덕)

관우가 조조의 사람이 된 줄 알고 해치려 한다.

손책(字 백부)

강동의 지배자. 죽마고우인 주유와 함께 세력을 넓히고 있다.

차례

•「관도대전」 5부•

다른 날 태어났어도
같이 죽자고 맹세했건만
그 약속…
잊은 것…?!
닥쳐라!!!

*〈연의〉 관우, 놀라 외치다.
"아우(장비)께서는 도원결의를
잊으셨는가?"

어딜 감히
그 더러운 입으로
날 아우라 불러…

네놈이야말로ㅋ
달콤하더냐?
…?!
암, 아주
달달했겠지!
REPAIR
내 마음♡
TJ
♬ Only You ♬
우리 관공과 사이좋게 v^—^v
모든 걸 기꺼이
잊을 만큼…
조조
뭘 입어도 어울리시니
선물하는 보람이 있습니다 관공
1:1 채팅
통화하기
사진첩
유비!

겨우 두 글자뿐인
그 이름을 잊어버리고
덜덜...
아우인 나까지 죽이러
여기 기어들어올 만큼,
원수의 품안은
아늑하더냐?!
죽이고야 말 테다!!!

*〈연의〉 장비, 관우에게 욕하다. "의리 없는 놈아! 조조에게 항복해 벼슬까지 받은 것이 부끄럽지 않으냐? 나까지 잡으러 온 게 틀림없구나!"

…아오!!!
끼기기긱!

?! 혀, 혀, (형수)님!!!!
뭔 짓임?!! 지금 사람 쳐죽일라 그러심??!
칵! 막냉이!
너야말로 우리 속 태워 죽일라 그래, 엉?!
뭐? 운장씨가 널 잡으러 와?! 목숨걸고 찾아왔더니만…
조조랑 진작에 손절했거든?? 다 오해니깐 빨랑 화해해!
?!!
…헹! 거, 거짓말!
그럼
저놈들은 다 뭔데?!
?!!

*〈연의〉 감부인과 미부인, 오해하는 장비를 좋은 말로 설득하고자 하다.

**〈연의〉 조조군 떼거리, 포위하듯 들이닥치다.

게 섰거라아아악!
우리 집안의 원수…
관가 놈아!!!
조조군 장수
채양
승상께선 널 용서하셨어도
난 네놈 못 살려둔다…
흥, 좋다! 정말로
옛 맹세를 기억하는지
추억팔이나
해보자꾸나.
푸하하
찔찔찔
…?!
기억하느냐?
순식간에 화웅이놈
목을 쳐
무시받던 큰형님의
명예를 지켜낸
그날을?

*〈연의〉 조조군 장수 채양, 원수 갚고자 쫓아오다. 관우가 오관육참 중 죽인 장수 진기가 자신의 조카였기 때문.

적장의 목을
따와봐라!
정말 모든 게
진실이라면…
11:23
첫번째 알람
두번째 알람
세번째 알람
닥쳐라!
건방진 놈들!
첫번째 알람
어디서 감히
내기질이더냐?!
카학, 퉤! 너희 두 놈
다 죽여주마… 아니!
이대로 쭉
여남 땅까지 달려가…
두번째 알람

*〈연의〉 장비, 관우에게 소리치다. "내가 북을 세 번 치는 동안 적장의 목을 가져오너라!"

네놈들 대장인
귀 큰 도적 놈까지
사지를 좍좍
찢어주리라…

세번째

二. 관우와 똑 닮은 아이

여남, 조조군 주둔지
장군! 감축드립니다. 드디어 해치웠습니다!
반란군 대장 유벽劉辟
조조 OUT
쿵!
와하핫! 관도에 계신 승상께서 이걸 아시면…
좋아서 데굴데굴 구르실 겁니다요!
…무엇이 그리 기쁘지? 하나가 모자라지 않나.
예?!
조조군 장수 조조 사촌동생 조인 字 자효

잊었나? 이번 싸움의
적장은 둘임을!
기주, 업
관도
허도
여남
하나는 유벽.
감히 반란을 일으켜…
관도에서 싸우시는
우리 주군을
방해한 죄가 크다.

나머지 하나는…
그런 건방진 유벽을
멀리서 도우러
달려온 '그놈'!

*〈정사〉 조조, 관도 땅에서 원소와 싸우다. 근거지 남쪽 여남에서 유벽이 반란 일으키자, 충성스러운 장수 조인을 보내 진압하도록 하다.

유씨 성을 가진 모가지를…
당장 하나 더 가져오라!
조조 OUT
전군! 퇴각하라!
퇴각해…
틀렸어. 내 목소리가 닿질 않는다!
당신을 얕봤어, 조조…
설마 제일가는 장수 조인까지 보내
이런 섬멸전을 벌일 줄이야!

*〈정사〉 유비, 원소 명령을 받고 유벽 반란을 도우러 여남 땅 오다. 그러나 유비와 반란군, 조인이 이끄는 조조군에 패하다.

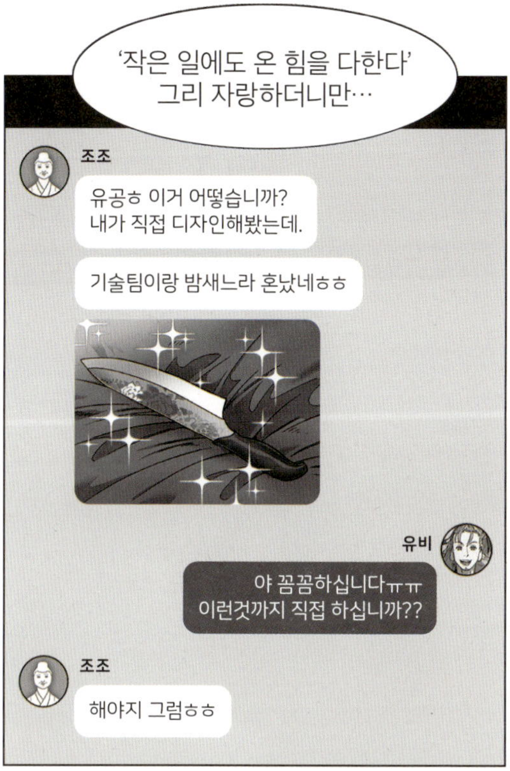
'작은 일에도 온 힘을 다한다'
그리 자랑하더니만…
조조
유공ㅎ 이거 어떻습니까?
내가 직접 디자인해봤는데.
기술팀이랑 밤새느라 혼났네ㅎㅎ
유비
야 꼼꼼하십니다ㅠㅠ
이런것까지 직접 하십니까??
조조
해야지 그럼ㅎㅎ

내가 빅픽처도
잘 그리지만
디테일도
끝내주거든!

난 조조가 쳐둔… 촘촘한
그물에 걸려든 물고기.

퍽!

*〈정사〉 조조, 기술자와 직접 무기를 만드니 손빈석에게 핀잔 듣다.
"소소한 데 신경쓰지 말고 큰일을 꾀하세요." 그러자 조조, 웃으며 답하다.
"나는 작은 일도, 큰일도 잘하는데 뭐가 걱정인가?"

…!!!
커헉!
유표에게
가보기도 전에,
오늘 죽고야
말겠구나!
……

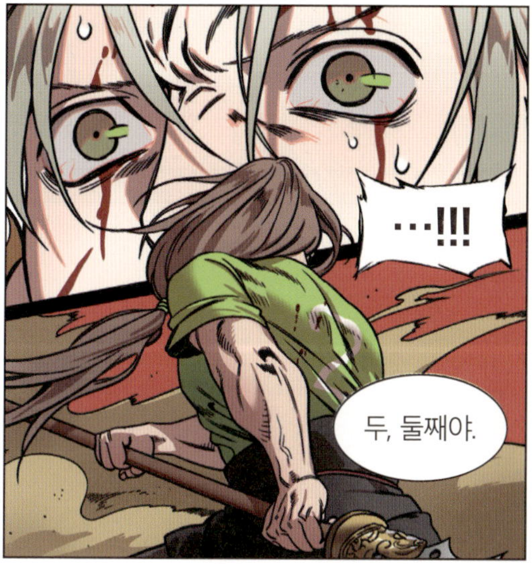
…!!!
두, 둘째야.

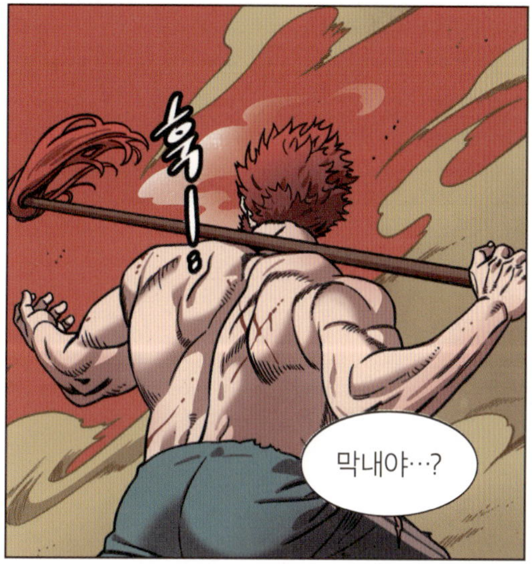
훅—!
막내야…?

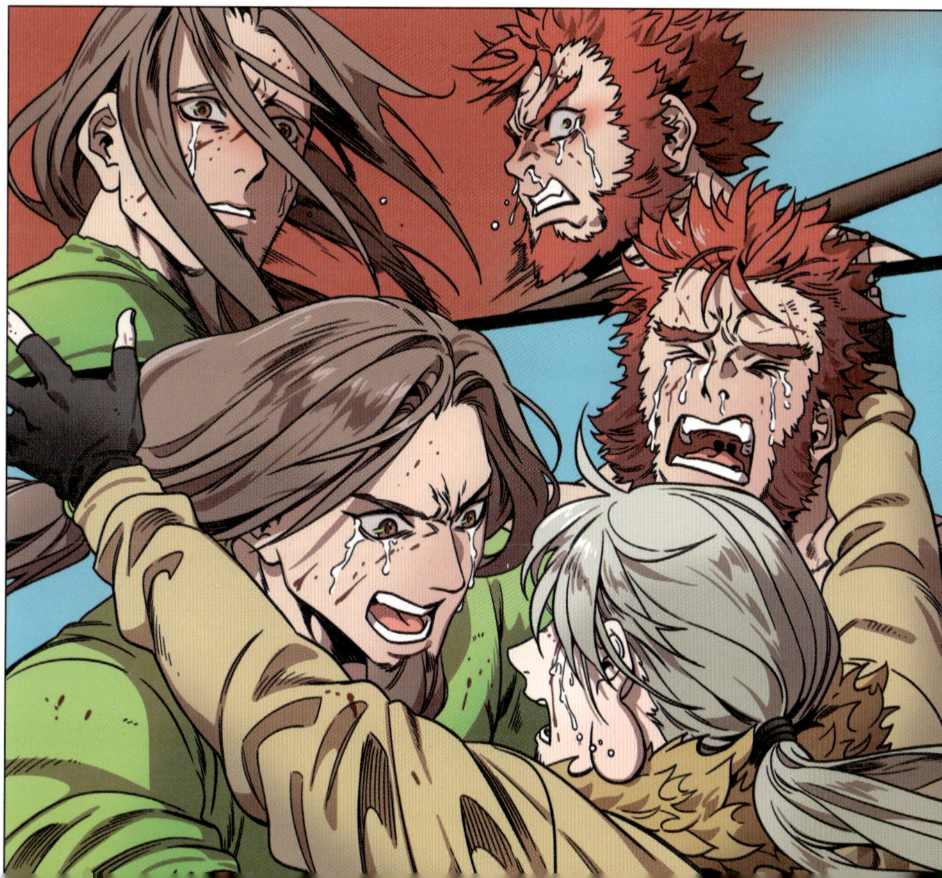

*〈연의, 정사〉 유비 삼형제, 서주에서 조조에게 공격당해 헤어지다.
여남 땅에서 겨우 만나 눈물의 재회 하다.

으아아! 괜찮으냐?
왜 이리 비쩍 말랐어?
얼마나 고생을 했으면!
뼈밖에 안 남아서는…
…형님!
막내 넌 왜 깨벗고
다니냐! 감기 걸리게…
아 (형)님, 아니라고.
패션이라고~ㅠㅠㅋㅋㅋ
……

……

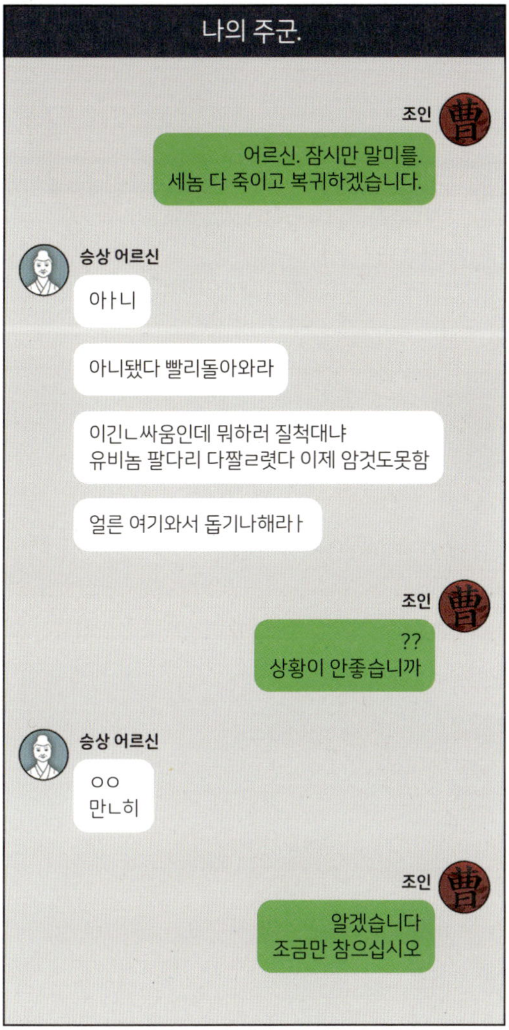
나의 주군.
조인
어르신. 잠시만 말미를.
세놈 다 죽이고 복귀하겠습니다.
승상 어르신
아ㅏ니
아니됐다 빨리돌아와라
이긴ㄴ싸움인데 뭐하러 질척대냐
유비놈 팔다리 다짤ㄹ렷다 이제 암것도못함
얼른 여기와서 돕기나해라ㅏ
조인
??
상황이 안좋습니까
승상 어르신
ㅇㅇ
만ㄴ히
조인
알겠습니다
조금만 참으십시오

전군!
관도로 간다!
야~ 진짜?
둘이 싸웠어?!
ㅇㅇ…-,.-
아 님;;;;
일름보냐고!
사과했자늠 내가!!!

AirHnH
푸하핫! 아이고, 됐다! 막내야 그만!
이야깃거리가 산더미겠지… 일단 쉴 곳 찾아가자!
신규 여남 드 럭셔리 : 셀럽만 모십니다.
★★★ 오직 명문가/삼공이상 VVVIP를 위한 공간...
모처럼 몸도 맘도 편해보고 싶구나…ㅠㅠ
신규 관정하우스 : 누추하지만 따뜻한 가정집
★★★★ 아이가 둘 있읍니다. 착하구. 큰 애들이라. 손님들 쉬실때. 방해 안할겁니다~^.^

난 화려한 데보다 이런 정 가는 곳이 좋더라~?
어~! 학생! 어른들 계시니~?

오늘 1박 예약한 유비 아저씨라구 해… 더헉?!
ㅇㅇ…
아버지… 모셔올게요…

*〈연의〉 유비 삼형제, 인자한 노인 관정의 집에 잠깐 머물기로 하다.

三. 18세 관평

시골 노인
관정의 집
멍멍멍..!
유비
둘째야... 나 뭐 하나만 묻자ㅇㅇ
톡..!
유비
우리 가족이지? 진짜 솔직히 말해주라
톡..
둘째 관우
ㅇㅇ...
토도독
토독
피치보이즈
유비
너 숨겨둔 막냇동생있니
막내 장비
아니면 님
그
어릴 때 사고침???
아님 사실 한번 갔다(?)왔든가???
둘째 관우
?
유비
얌마;;;

#소리없는_아우성
톡!
톡!
톡!
막내 장비
아니 그렇잖음ㄷㄷ누가몰래 님 수염 뽑아다 유전자 복제한거 아니면
톡!
애가...어떻게 저렇ㅎ게생김???
막내 장비
저건 완전 클론아님?!!!
시골 노인 관정 부부의 아이 관평(18세)
......
으응? 아이고~ 나리님들! 어째 밥을 못 드신데요?
시골 노인 복사
시골 노인 관정
쌰늘...
종일 전화기들만 보시고~?

시골 밥이 울 어르신들
입맛엔 안 맞는갑소~!
내가 요놈을 삶지 말구
튀길걸… 죄송해서 어쩌나~?
아빠~^^
님자~아가~손님오신다 네~~
수퍼스타 여~수퍼스타~
계사에서~토종닥~잡아감세~~
제일목청~~~큰놈으루다가~~^^
아, 아뇨;;; 하하하!
존맛입니다 어르신!!!
일을 좀 보느라~
빠꼼!
빠꼼!
빠꼼!
응? 어이쿠야, 금방
애국가 나오겄네!
빠꼼!
임자, 나리님들
쉬셔야지.
어여 상 치우고
잠자리 봐드립시다…
ㄴㄴ… 제가 할게요.
안녕히 주무세요…
얘, 아가.
짜
깜

*〈연의〉 관정, 익히 관우 이름을 들었다며 집에 반가이 맞이하다.

참말로… 얌전히
자러 가는 게지?
그렇지?
탁
!
……
…???
…송구합니다,
나리님들.
조용—…
참… 얼매나
불행한 일인지요?
내 배 아파 낳은
내 새끼 마음
엄마 아빠가
알아줘야
하는 것인데…
…?

……
보시다시피…
저흰 참으로
평범합니다요.
그래도 모자람이 없지요.
해 뜨면 일하고, 지면 자고
엄마
아가 어미랑 낼 시장가자~^^
상추랑 칙거리. 모종 사러~^^
아가
ㅇㅇ…경운기 제가 몰게요
봄이 오면 밭 갈고,
추워지면
낫과 호미를 닦고…
하늘 아래 부끄럼
한 점 없이
정직하게
살았습니다마는…

퍽!!
퍼억!
쬐깐한 참새 주제에 내가 어쩌다
우리 평이 같은 새끼용을 낳았을꼬?
아휴… 저랑 님자는 나라님들이 천하네 뭐네
한데… 쟈는 전장의 불길에서 눈을 못 떼더이다.
죽고 죽인다는 뉴스만 봐도
무서워 심장이 딱 멈출 것만 같습니다요.

참으로
아름답다는 듯이…

나리님들! 부족한 저희 부부고,
부족한 어린아이임을 잘 압니다.
하지마는…
달고 태어난 날개,
펴보기라도 해야지요!

가엾은 우리 평이를…
데려가지 않으시렵니까?

나리…?!
이건… 조잡하지만
나와 같은 언월도다.

진짜… 82근짜리
청룡언월도임.
들어올릴 수나
있겠는지?
!
울컥!

四. 조자룡과의 재회

그만.
허억!
허억…
움직이지 말도록.
한동안 숟가락조차 들 수 없을 것…
말하지 않았느냐. 언월도는 무거운 날에 의지해
적을 단숨에 베어내는 병기!
스스로 길을 내는 무기를 잔뜩 힘주고 휘둘러봤자
칼이 가고자 하는 길을 방해할 뿐…

…!!!
미안하지만,
약속은 약속임…
999번을 내리쳤는데도
이 바위는 멀쩡히 서 있으니
널… 거둘 순 없음!
관평… 놀라운 아이다.
후욱…
장수가 된다면 머지않아
온 나라에 이름을 알릴 테지.
하지만 평생
평범하게 살지 못할 것…

평범하게
죽지도
못할 테고!
아무리 난세라 하나,
열여덟은 너무나 어린 나이…
널 어찌 그런 길로
끌어들일까!

…저도
…!!!
두렵습니다, 나리.

장수가 된다면
장차 평범하게 죽지는 못하겠지요…
그래도
그게 제 삶입니다!
목숨 바쳐 섬기겠습니다.
……
절 데려가세요, 어르신…

그때의
우리와
같은 마음이구나,
관평!
……ㄴㄴ.
아버지라고…
부르길…
둘째야으~!
조카님아~!
아침밥 먹자~!
연락처
#그룹 : 가족
형님…
막내…
형수님…
전 형수님…
관평…
늘어난
가족과 함께
다시 발길을
재촉한 유비 일행.
드디어 드넓은 평야가 펼쳐지고
장강이 굽이치는
형주, 양양
유표가 다스리는 비옥한 땅,
형주에 들어섰다.

*〈연의〉 관우, 관평을 입양하다. 유비와 장비 기뻐하다.

그러나 환영 인사는 없었으니…
…?!!!
형주 지배자
유표
채륵 동생
채모
유표 아내
채륵
…!!!

유표 어르신!
이… 무슨 짓입니까?!
유표
동생. 어르신이 다 무언가?
우리 같은 유씨니 한 가족 아니겠나!
환영하네. 이 형주땅을 내집이라
생각하고. 편히 지내시게. ^^b
음? 어어.
미안하게 됐어요.
두 팔 벌려 우리 유현덕씨
환영하려고 했는데… 허허!
가족 간에
의견 차이가 있어서…
형님! 말 섞지 말고
당장 내치시지요!
바보더냐?
동생아!
당장
죽여야지!

여봐라! 성문을 열고
정예군을 내보내라.
저 귀 큰 놈은
재앙의 불씨다!

제 주인 잡아먹는
요물 같으니…
오싹

*〈연의〉 유표와 결혼 동맹 맺은 명문가 채씨, 유비 의심하다.
"유비는 여포, 조조, 원소를 섬기다 배신한 자입니다."
**〈연의〉 "한 주인을 섬겨 끝을 보지 못하다니, 유비란 자의 사람 됨됨이를 알 만하지 않습니까?"

흥, 누님! 입만 더러워지겠소.
내 손수 끝장 보리다!
죽어라! 유비…

…헉?!
…커헉!!!
?!
…으음?!!!

흐,
으으…
수수께끼의 장수
조운 字 자룡
…우와아악!
뭐, 뭐냐?! 이거…
어디서 튀어나온 놈이야!

유비! 네 끄나풀
이더냐?!
?! (형)니, 님!!!
?! 저, 저거
달랑…
설마…

*〈정사〉 원래 공손찬을 따랐던 어린 조자룡, 가족 제사 핑계로 떠나다. 유비와 울며 이별하다. "끝내 덕을 저버리진 않겠습니다!"

흥! 됐다. 크큭!
시체에게 이름 물어 뭣하랴?!
아무리 일당백, 아니
일당천이라 한들
네놈들은 한줌이고 우리
채씨 집안 정예군은 무적!
전군!
건방진 유비놈 패거리를
산 채로 갈아주어라…
비밀결사대
풍운지회風雲之會*

*용이 바람과 구름을 타다. '영웅이 때를 만남'을 일컫는다.

어억?!
…10년이나 걸렸으나
약속대로 어르신께 돌아왔습니다.

달콤한 소리에도 귀를 닫고,
(알수없음)
똑똑? 조자룡씨?
그대 이름을 몇번인가 들었는데^^
근처에 사신다니 잘됐군.
나와 잠시 티타임이라도 어떠한지?
이 방을 삭제하시겠소?

큰 꿈에 조금이라도 보탬이 되고자
저 혼자 오지 않았습니다.

*〈연의〉 조운, 최강자 원소의 스카우트를 거절하다. 산속에 숨어 살며 산적떼 무릎 꿇려 자기 부하로 삼다.

이 조운!
이, 이제 더이상
울기만 하는 꼬마가
아니니… 으흐흑!
이 목숨 다해도… 아니,
귀신이 되어서도
허헉…
어르신을 떠나지
않겠습니다!!!
유표 어르신, 아니 '형님!'
보이십니까?
이 유비, 혼자가 아닙니다!
원소와 조조!
최후의 승자가
누구든
관도 전쟁이 끝나면
이곳 형주를
집어삼키려
할 테지요…
끄응…

그때 정말
제가 없어도 아니 섭섭하시겠습니까ㅠㅠㅋ?!
관도
원소 vs. 조조 격전지
어르신.
승상 어르신!
…유비놈이 형주에 새 둥지를 얻었습니다.
유표가 성문을 열었고… 아주 형님동생 하며 좋아죽는다는군요.
형주 신야에 자리를 잡았는데
"역적 조조놈 잡자"고 인간들 버글버글 모이고 있다 합니다!

*〈정사〉 유표, 형주 최전방 신야 땅 내어주다.
**〈연의〉 장비가 고성에 모아둔 부하 4~5천 명까지 유비에게 합류하다.

어르신!
듣고 계십니까?
저흰 이제 어찌하면
좋겠습니까?
명을 내려주십시…
흐헉!!!
내, 내가 언제 잠들었지…?!
순선생님… 저, 전투는?
헉
원본초…
그놈이 왔나? 날 죽이러?
우리 성벽은?!
무너졌어?
…어르신!

나는 내가
특별하다고 믿었다.
그래서 평범한 사람들에게 어림없는 행운도
어, 어르신!
이 조조에게 찾아오리라 믿었다.
안 됩니다!
허억!
헉!
밖에 나가시면…
그러나 1+1은 죽어도 2고,
해는 반드시 동쪽에서 떠오르며
약자가 강자에게 덤비면 반전 없이 작살나는 게 세상의 진리.

내가 왜 원가 놈,
네게 덤볐을까…!
아악!
위, 위험합니다! 거처로 돌아가십쇼!!!
뛰어! 뛰어!
?! 스… 승상 어르신?!!
?! 끄아아악!
히익! 위. 위생병!!! 자, 자네 허벅지에 화살이…
그만! 정신들 안 차리나?! 방패 똑바로 들엇!!
내가 전우의 방어막이 되어야 함을 잊었나?!
끄흑! 죄송합니다… 죄송합니다, 장군!
파, 팔에 힘이 들어가질 않아서… 으흐흑!

*〈정사〉 조조와 원소, 관도 땅에서 정면 대결하다(관도대전).
**〈정사〉 원소, 조조군 주둔지를 빙 둘러싸고 거대한 흙성을 쌓아 공격하다.

이, 일주일째
밥 한술 뜨지도 못하고
잠깐 눈 붙이고
쉬지도 못한지라…

내게 희망이 있는가…
염려 마십시오,
승상 어르신!

으하핫! 물론 원소놈이
강하기야 합니다마는…
조조군
보급담당
가슴속 자부심이야말로 군인의
가장 큰 무기 아니겠습니까?

*〈정사〉 최강자 원소, 엄청난 돈과 사람 동원해 조조를 궁지에 몰아넣다.

원소놈은 역적이고,
우리 승상께서는
와하핫! 옳소!
…!!!
황제폐하를 지키는
마지막 창이요, 방패!
하늘도
굽어살피실 겁니다…
…?!!!
히, 히익…
우와아아악!!!
빌어먹을…
빌어처먹을!

원본초,
너……

아, 아만!
I told you…(눈물)
(내가 경고했잖나?)

그래.
이제야 기억난다.
커헉! 어, 어르신…
사, 살려…
……
……
내가 가진 건 모두 원소,
어르신을 모셔라!
어서 막사 안으로…
네가 허락했기에 누릴 수 있는 것.
관도대전 전략기획
정욱 선생님
어르신. 적들에게. 들킬지모르니
오늘부터숫자만. 보내드리겠습니다
한달전
정욱 선생님
10
일주일 전
정욱 선생님
3
어제
정욱 선생님
1
지금 막
정욱 선생님
어르신. 어찌합니까

정욱 선생님
0

어려서든, 커서든
이 조조가
한 번이라도
널 앞선 적 있던가?
단… 한 번이라도!

*〈정사〉 조조, 군사들 먹일 식량 바닥나다. 조조군, 전쟁터에서 단 하루조차 버티지 못할 위기에 처하다.

?! …크윽!!!
…그, 그래. 하하!
이건 미친 짓이야.
누가 감히
날 비웃어?!
난 할 만큼 했어!
조조
순선생
나 더는 못버팁니다
허도 돌아가겠습니다
이거는개 죽음이야
애당초 견적ㄱ안나오는 싸움이었어

*〈정사〉 조조, 원소와의 싸움 포기하고 철군하고자 하다. 정치 파트너인 참모 순욱에게 파발 보내다.

순욱.
조조
걱정말길
나 이대로 끝나지 않습니다ㅎㅎ
내목ㅅ숨 붙어만있으면
어떻게든 다음길이 열리겟ㅆ지
내일은 내일의 태양이 뜨는게 인셍
ㅇ이잖아ㅎㅎ
안그래??
순욱.
보이스통화 요청중...

……
순욱.
어르신.
취소

정녕
죽고 싶으십니까?
순욱.

순선생.
당신 미쳤어?
날더러… 여기서
개죽음당하란 말야?!
나 당신 주군이야!
내가 철군한다 하면
잔말 말고 예예,
해야 하는 거 아니냐고…
어어?!
날더러 어쩌라고,
이 시체구덩이에서…
어르신.

*〈정사〉 조조, 원소와 관도에서 싸우던 중 식량 바닥나다. 근거지인 허도로 돌아가고자 하나 참모인 순욱, 이를 반대하다.

압니다. 힘드시겠지요.
하지만 물러서시면 안 됩니다.
실패는 성공의 어머니라
보통은 한 번 넘어져도
곧 다음 기회가 찾아옵니다만…
어떠한 실패는
돌이킬 수가 없기도
합니다!
깜짝!
식량을 구하기 힘들어
곤란하시겠지만,
기주, 업
근거지를 떠나
원정 나온 건
원소군이나,
저희나 마찬가지…
예주, 허도

우리가 식량 부족에
허덕이고 있다면,
적들 또한
똑같지 않겠습니까?
뚝!
'어떠한 실패는'
통화를 종료합니다.
순욱.
02:12
'돌이킬 수가 없습니다…'
소름이 돋는다.
그래… 내, 내가 잠깐 미쳤지!

내가 딴사람도 아니고
원본초, 네놈에게
내 평생 쌓은 모든 걸
양보하려 했다니…!

순욱 조카
조조 책사 순유
(나이는 6살 위)
어르신!
다행이다!
무사하셨습니까…

정선생님께
듣고 왔습니다!
크, 큰일이 아닙니까?
저, 저희 식량이
바닥났다고…

속히 철군하시어 다음 계획을 세우심이…
아니, 천만의 말씀!
아직 무엇도 안 끝났습니다.
조조
조조님께서 보낼 선물
미안해
[사과선물] 내사과받아줘
귀중한 분들께 전해요!
이 조조가 살아날 길이… 딱 하나 남았어!
[너무 미안햄ㅠㅠ] 수제햄세트
죽을죄를 지었을땐 고기로 승부하세요!
0 12345 67890 5
순선생님, 같이 좀 골라주시지.
어떤 선물이 좋겠습니까?
미안해

내가 좀
싹싹 빌고픈
사람들이
있는데…
유표의 부하
조조의 적
장수&
책사 가후
미안해
가, 가선생.
이게 대체 뭔 일인가?
슥닥!
그, 글쎄요… 이놈인들
알겠습니까요?
저두 참, 살면서
별꼴 다 봤습니다만
이런 케이스는
또 난생처음인지라…;;;
조조 첫째아들
조비(18)
용감한 둘째
조창(11)
똘똘한 셋째
조식(8)

조조야, 대체
무슨 꿍꿍인고ㅎ?
여기가 적진임을
모를 네가 아닌데…ㅎㅎ
전쟁통에 선물을
한 짐 가득 보내다니?
그것두 '귀한 사신들'
손에 들려서…
씨이, 닥쳐라!
니들끼리
속닥속닥하지 마!
어른들이 그랬다!
네놈들이라며…
우리 착한 큰형
죽여버린 거!
조조 후계자
故조앙(20)

*〈정사〉 장수와 가후, 조조의 후계자였던 조앙을 죽이다.
조비, 조창, 조식과는 이복형제로, 성품이 바르고 용감했다고.

다른 아줌마가 엄마지만
막 나 용돈도 줬는데…
나도 다 죽여버릴 거야…
형아, 안 돼!
어르신들! 크게
화나신 거 압니다.
하지만 두 분께서도
이 나라의 신하시죠.
원소가 황제폐하를 노리니
뭉쳐야 하지 않겠습니까?
저희 아버지를 도와
원소를 물리쳐주십시오…
딱!
찰싹!
창, 식.
입 안 다물어?
…니들이 뭘 안다고
버릇없이 껴들어?

*〈정사〉 조식, 어려서부터 똘똘한 영재였다고.

형이 어른들이랑
이야기하잖아. 어?!
…어이구야?

八. 똥줄 타는 허유

아, 압니다… 장군! 모든 게 의심스러우시겠지요…
하지만 아버님께선 과거 따윈 싹 잊을 테니
손잡고 미래로 나아가자 그리 말씀하셨습니다!
듣자 하니… 유표란 자는 사람 귀한 줄 몰라
장군께서 상처 많이 받으셨다던데요…
조조군 군복과 황실 장군벼슬

기회란… 왔을 때 잡으셔야지,
나중에 울어봤자 누가 들어나주겠습니까?
하하! 두 어르신의 현명한 판단 기다리겠습니다…
허어, 거 음침한 꼬맹일세! 누가 조조놈 아들 아니랄까봐?
선생! 사과 다 내다버리쇼. 나 얼른 이 재수없는 거
소각장에서 활활 태워버릴라니깐…
미안해

예에?
안 됩니다요!
그거 입고
내일부터
…조조랑 같이
싸우셔야지요~ㅎㅎ
?! 뭐…어엇?!!
가… 가선생!
미, 미, 미친 게요?
나더러 뒈지라고?!
어, 어찌 나한테
사지로 가라는 게야!
우리가 조조놈
큰아들 죽인 게
고작 3년 전인데…

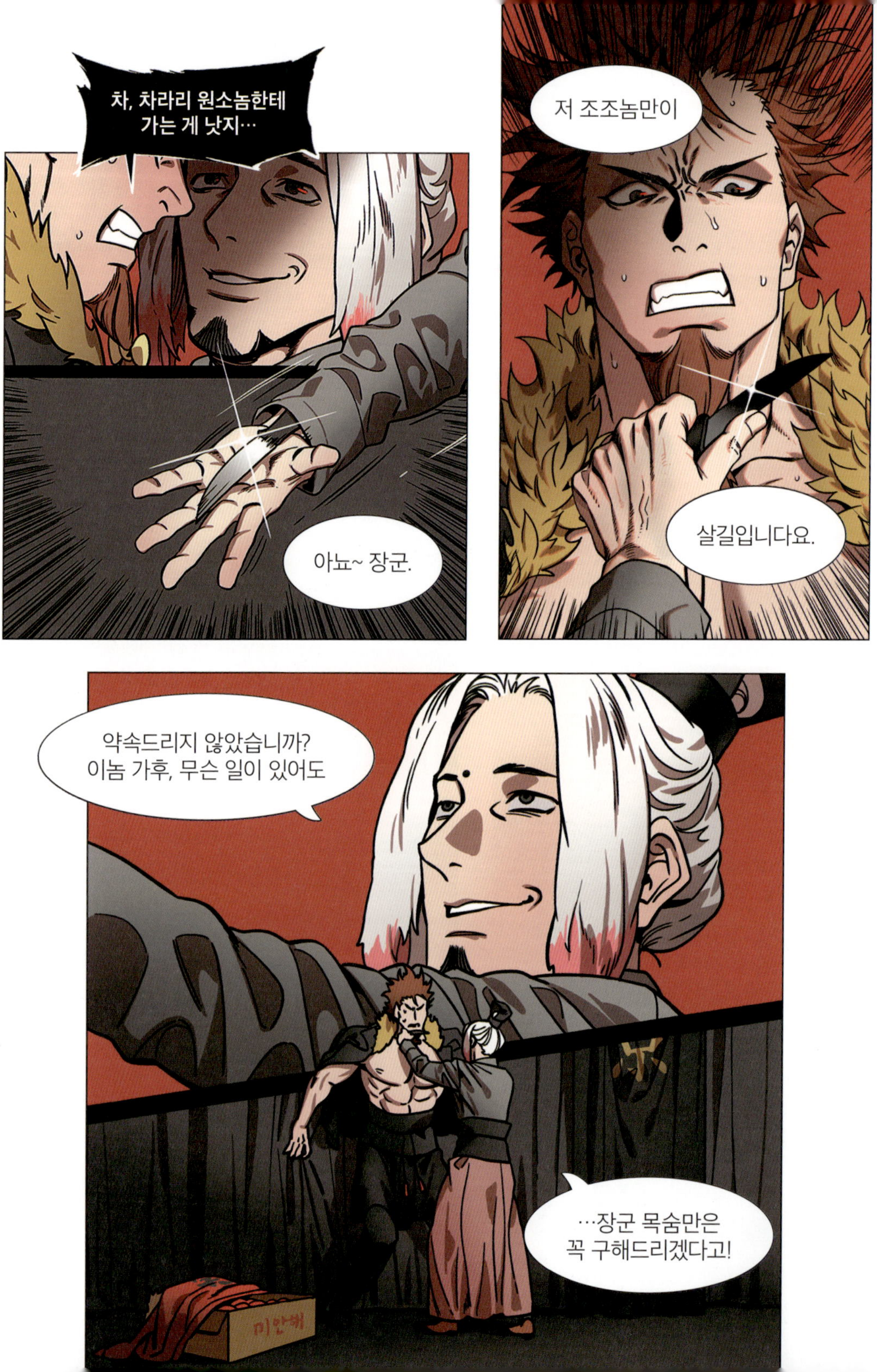

차, 차라리 원소놈한테
가는 게 낫지…
저 조조놈만이
아뇨~ 장군.
살길입니다요.
약속드리지 않았습니까?
이놈 가후, 무슨 일이 있어도
…장군 목숨만은
꼭 구해드리겠다고!
미안해

첫째로, 지고 있긴 하나
원소와 조조의 싸움에서
…악당 역은 원소고,
영웅 역은 조조놈입니다요.
둘째로, 우리가 간다고
기뻐나 할지요?
고 콧대 높은 프린스가ㅎㅎ?
허, 허나 선생!
미안해
너무나 무모하네.
원수와 손잡자니…
씨익
사각
사각
예에~ 암요.
독이 든 사과나
다름없지요.

*〈정사〉 가후, 조조를 따라야 하는 이유 밝히다. "첫째로 조조는 황제를 섬기며 호령하니 따를 명분이 있습니다." 「가후전」

**〈정사〉 "둘째로 원소는 이미 강하니 우릴 귀하게 생각하지 않겠지만, 조조는 약하니 우리 힘이 꼭 필요합니다." 「가후전」

허나 이것만이 살길이라면
입에는 넣어보셔야지요?
이놈만 믿으시지요!
즐거우실 겝니다요ㅎㅎ…
암! 이건 항복이 아니다. 공들인 복수극이지.
우리가 죽여버린 훌륭한 청년을 대신해, 고 욕심 많은 꼬맹이가
조조, 네 후계자가 된다니…

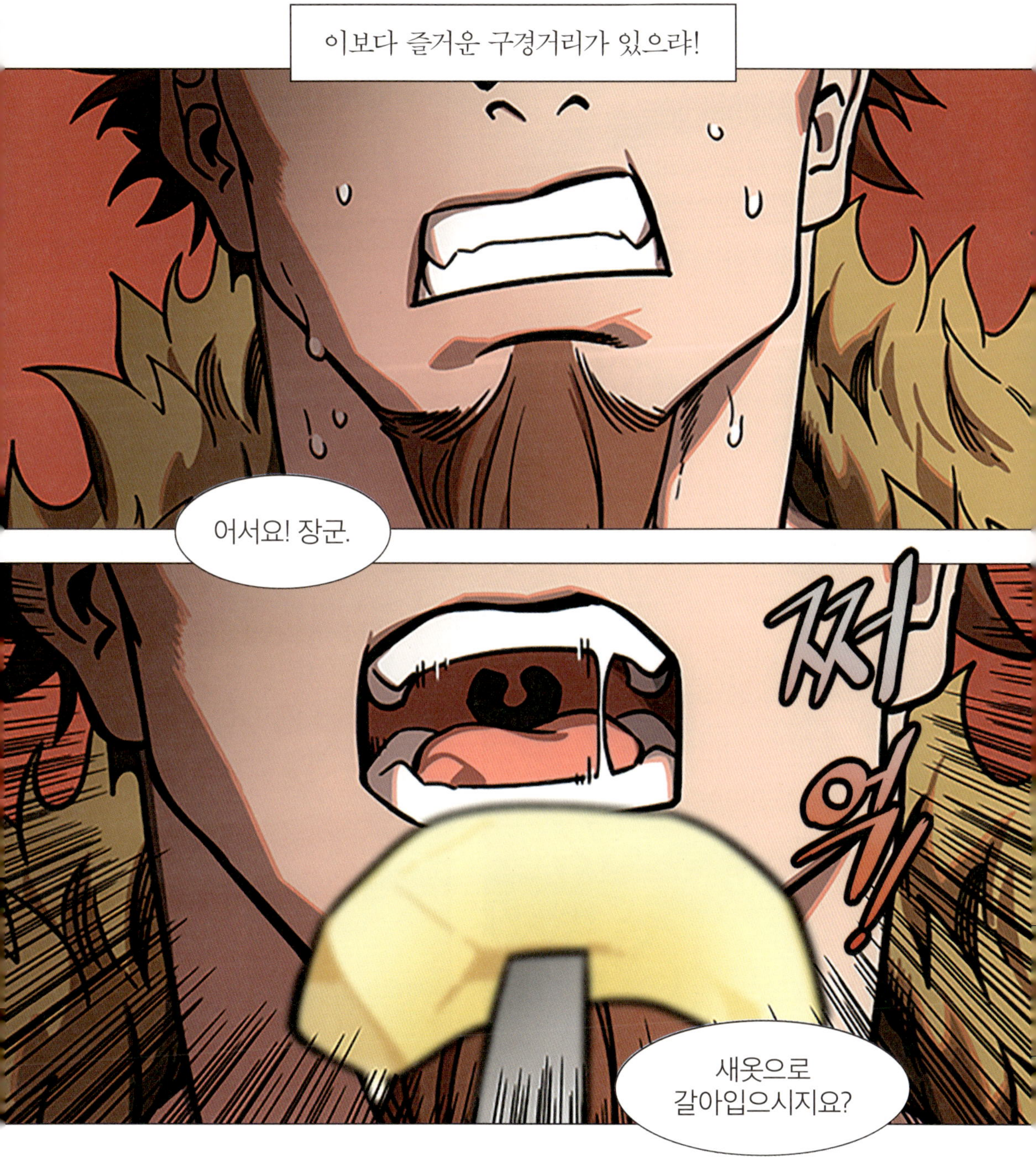
이보다 즐거운 구경거리가 있으랴!
어서요! 장군.
쩌억!
새옷으로
갈아입으시지요?

새 주군께서 목 빠져라
기다리십니다요!
저, 저런… 하찮은 것들!
쏴라! 모조리 죽여버려!!!
원소 어르신의
영광을 위하여…
?! 끄아악!!!

*〈정사〉 "셋째로 사사로운 원한은 잊는 것이 조조가 가고자 하는 패왕의 길입니다. 앞날은 걱정 말고 조조를 따르시지요." 장수와 가후, 부하들을 이끌고 조조에게 가 항복하다. 「가후전」

하하! 장수가 이끄는
서량군이 제법
용맹무쌍합니다!
새로 개발한 벽력차 덕분에
적들도 주춤하고 있고요!
그러나, 어르신…
쯧, 압니다!
깨진 독에 물 붓기요,
거대한 바다에 짱돌 던지기지!
이 정도론
못 이겨…
으득
원소놈은 막강하고,
포위는 풀리지 않았다.
아무리 피해를 입혀도 좀비처럼
금방 복구하고 있어…

*〈정사〉 조조군, 돌을 쏘아 던지는 발석거를 개발해 원소에게 맞서다. 번개가 내리치듯 하니 원소군, '벽력霹靂차'라 부르며 두려워하다.

역시 반전의 열쇠는… 식량!
원본초, 네놈이 밥을 숨긴 곳을 알아야만 해.
그걸 거머쥐어야 네 목숨을 틀어쥘 수 있다!
그러나 군량미 위치는 1급 기밀 중에서도
특특특특급비밀.
우웅…
원소놈 따까리 중에서도,
프린스진심이♥허유
야~친구야~ㅋㅋ;;
니 오랜만이다? 잘사냐ㅋㅋ;;;?
최측근 몇 놈만이 알 텐…데…?

*〈정사〉 조조, 원소가 식량을 보관한 곳 찾아 팔방으로 헤매다. 그러나 알아내는 데 실패하다.

九. 오소를 불태워라

어으으… 추워!
밤 되니깐 얼어죽겠네!
관도 땅 외곽,
으슥한 곳
빌어먹을! 어쩌다가
이런 거지꼴이 됐단 말이냐?!
ㅎㄷㄷ…
춥고
배고파
뒈지겠고,
씨…
원소 책사
허유

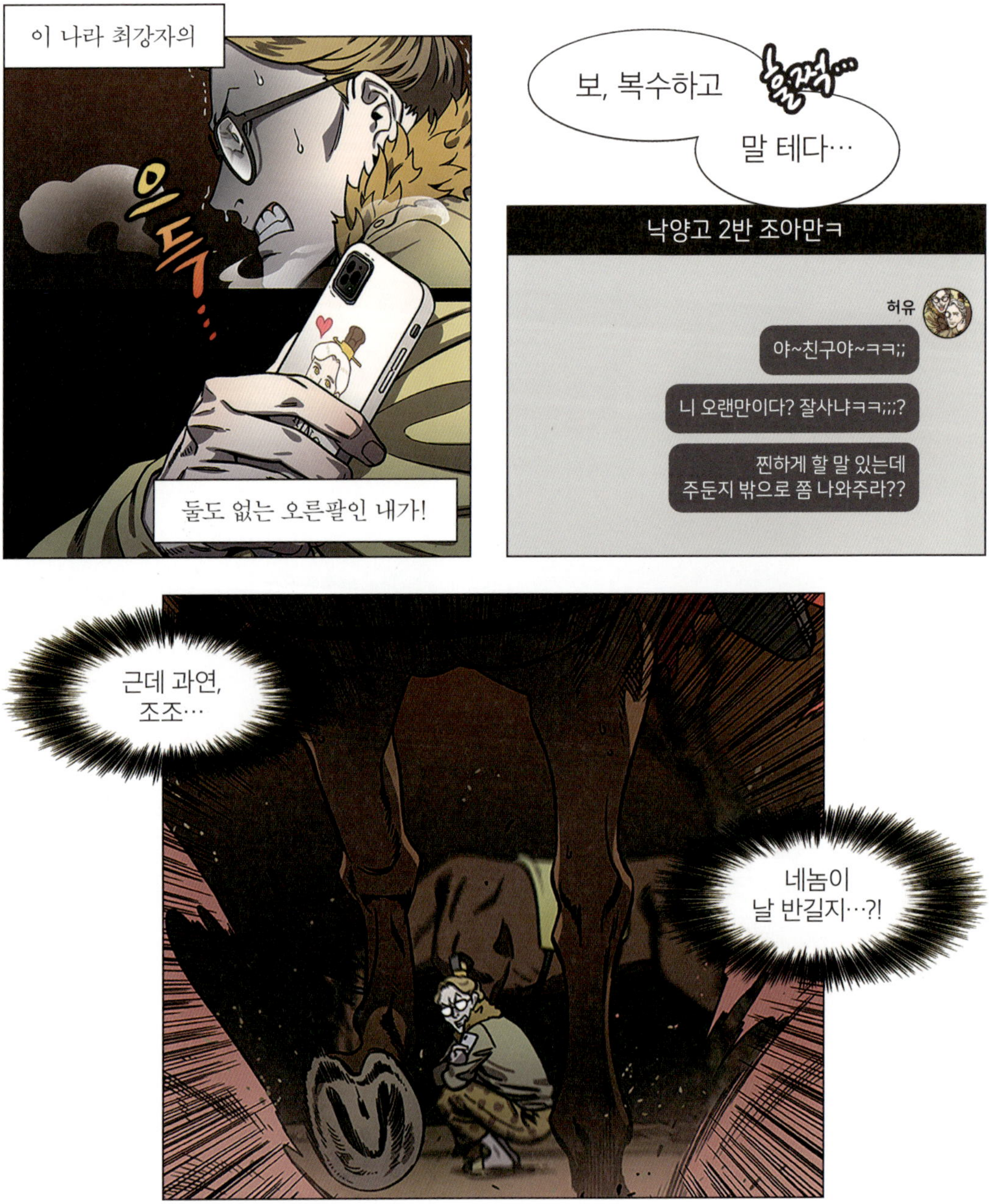
이 나라 최강자의
으드득…
둘도 없는 오른팔인 내가!
보, 복수하고
훌쩍…
말 테다…
낙양고 2반 조아만ㅋ
허유
야~친구야~ㅋㅋ;;
니 오랜만이다? 잘사냐ㅋㅋ;;;?
찐하게 할 말 있는데
주둔지 밖으로 쫌 나와주라??
근데 과연,
조조…
네놈이
날 반길지…?!

*〈정사〉 원소 책사 허유, 원소 몰래 적장이자 옛 친구인 조조를 찾아오다.

…?!!
히익!
으허어어엉~!
친구야아아아~!

콱! 왜 이제야 연락하냐?
섭섭해 죽는 줄 알았담마!
감기 걸릴라고 아주…
어어 니! 옷 왤케 얇어?
뺨따구 아주 꽝꽝 얼어갖고…
여봐라! 가마를 대령하라.
히터 빵빵하게 틀어서!

와하핫! 이몸의…
둘도 없는 귀한 벗이니라!
치… 친구야!
떠받들어 모셔야 할 것이야!
관도,
조조군 주둔지
(원소군에 포위당함)
으흐흐흐…
캬캬캬캬캬캭!!!
야이! 조아만이!
꼴랑 쏘주가 뭐냐?!!
못해도 30년산은
까야지… 썩을 시키!!!

컥… 하하! 미안타!
보급이 영 딸려서…
켁!
켁!
야아~! 근데 진짜
이게 얼마 만이냐?
반동탁연합 때 보고
10년 만인가?
허선생! 그때 너 아주 사람
섭섭하게 하더만~ㅠㅠㅋ
아이고~ 인마!
쯧쯧! 고걸 여태 맘에
담아두고 있었냐~?
조아만이!
키만 작은 게 아니라
속도 쫌생이구먼~?

*〈정사〉 허유, 반동탁연합 당시 맹주였던 원소에게 붙어 으스대다.

네까짓 게 무슨
승상이냐~ㅋㅋㅋ
짝!
짝!
와하하하! 그러게 말이다!
너무 까불었지 내가~ㅋㅋㅋ
꼼짝 말라, 허저!
나야 운이 좋아서
벼락출세한 찌질이다만,
PRINCE
스
허선생…
넌 스스로 거기까지
올라간 능력자 아니냐?
한데 대체 어인 일로
온 나라를 주름잡는…
'프린스 원소'의 오른팔께서

이 미친한
승상 놈을
다 찾으셨나 그래?
……!!!
…야, 조아만이.
I ♥ PRINCE
니… 이 전쟁 이기고 싶지?
I ♥ PRINCE

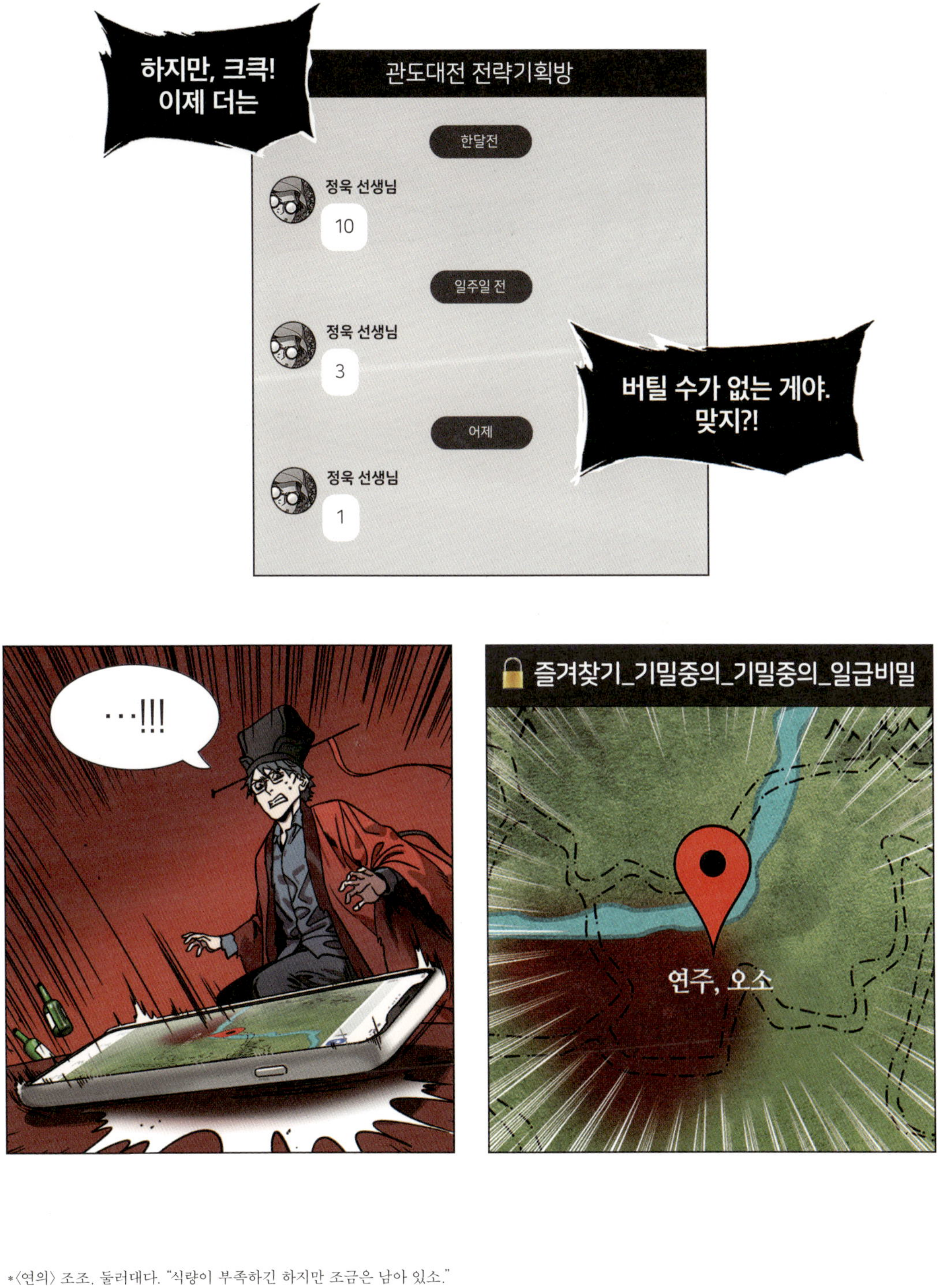

*〈연의〉 조조, 둘러대다. "식량이 부족하긴 하지만 조금은 남아 있소."
그러자 허유, 다그치다. "거짓말 마시오! 하루도 버틸 수 없잖소?"

거기가
꿀꺽.
원소군 식량 창고다.

뭐, 뭐어?! 인마! 왜 이런 고급 정보를 알려주냐니?
저, 정직한 선비라면 당연한 거 아니냐?!
악, 어르신! 왜 이렇게 깝깝하게 구십니까?!

내 말 좀 들으라니깐요? 이렇게 쉬운 길 두고…
왜 굳이 어렵게 가냐고요!

하북 지배자
나라 최강자
원소 字 본초
내가 왜… 그대 말을 따라야 하는지?

*〈정사〉 원소 책사 허유, 곧장 허도(조조 근거지) 덮쳐 황제만 차지하라 권하다. “공(원소)께서 굳이 조조를 공격할 필요가 없습니다!”

**〈정사〉 그러나 원소 거절하다. “나는 조조를 포위하고 취해야겠다!” 허유, 계책이 받아들여지지 않아 분노하다.「무제기(조조전)」

물러나도록, 허선생^^
인마! 니, 니도 이해하지?!
선비라면 모름지기 꽉 막힌 주인보다…
내 뜻 알아주는 좋은 주인 모시고픈 법!
나, 나 진짜 순수한 맘으로 너한테 온 거거든?!
오소를 쳐라, 조아만! 그럼 원소는 끝장이다!
쿨-!…
드렁-

어르신! 절대 가지 마십쇼.
거짓말이 틀림없습니다.
참모 정욱
장수 허저
허유인지 흐유인지 이 쉐키,
척추를 뽀사주겠습다!!!
책사 순유
아니! 당장 오소로
출발하시죠.
이건 하늘이 주신
기회입니다!
드디어 프린스 원소가
앵앵 우는 꼴을 보겠군ㅎㅎ
서, 선생님! 진심이심까?!
딱 봐도 함정이잖슴까!
허유 이놈은
스파이임다, 스파이!

오소에 함정 파놨을 게 분명하다고요…
하! 스파이ㅋ?
이 찌질이는 스파이 짓 해먹을
명분도 배짱도 없소!
툭!
?!!
보시지요, 어르신.
…?!
하!

허유 이 새끼,
선비는 개뿔…
비겁한
도망자였구먼?!
프린스 원소 참모 허유 "뇌물수수 혐의로 가족들 체포"
[사진] 끌려가는 허유 가족들... 신고자는 같은 원소군 동료 책사 심배
예. 갈 곳이 없으니
적일지언정
옛 친구인 어르신께
비벼보러 온 거겠지요! 하!
…? 잠깐.
그런데
신고자가 심배?
허유와 같은 원소군 참모잖나!
대체 왜 직장 동료끼리…

*〈정사〉 허유 가족들, 부정부패 혐의로 체포당하다. 허유, 혼자 허둥지둥 원소에게서 도망쳐 조조에게 달려오다.
**〈정사〉 조조 참모 순욱(순유 숙부), 허유 욕하다. "탐욕스러워 자신을 다스리지 못하는 자이니, 주변에 적도 많습니다." 「위서 순욱전」

예에? 하! 기가 막히누만.
허유도 허유지만 저는
원소, 그 양반이 더
실망입니다, 그려!
전쟁중인 이 비상시국에…
아랫것들끼리
저격질한단 말이렷다?

형편없는 리더구먼!
부하들 마음조차
하나로 못 모으다니.
잘부탁
피로회복!
허허~ 드문 일도
아니잖습니까요?

가진 거 많은 집이라구
고민이 없진 않지요~ㅎㅎ
박하스

*〈정사〉 원소 측 사람들, 원소 힘이 강해지자 앞다투어 거대한 재물 쌓고 권력 다툼하다.
**〈정사〉 원소, 거대한 세력 거느린 만큼 내부 단속에 어려움 겪다. 어지간한 잘못 눈감아주는 관대한(?) 정책 펼치다.
(작가 주 : 심배가 허유를 고발한 것도 범죄 자체보다는 숙청 의미가 컸을 것.)

가, 가선생?!
흠~ 제가
재주는 없어도 사람
열 길 속은 좀 아는데,
허유? 이자가 승상께
거짓말을 할 리 없습니다요.
오히려 여기 있는
누구보다…
심지어 승상
어르신보다도 더
원소와 원소군의
몰락을 바랄걸요?

원래
등돌린 우리 편이
오싹
제일 열심히
더티플레이 하는 법!
마, 맞습니다.
어르신!
이건 기회입니다.
최강자 원소놈에게…
크게 한 방 먹이시지요!

*〈정사〉 조조 참모들, 허유 믿지 않다. 그러나 순유와 가후, 조조에게 "허유 말을 따라 오소를 습격하라" 강력히 주장하다.

연주, 오소

연주, 오소
원소군 비밀 식량 창고
으하아암~! 아후 졸려…
한 입만~! 와하하하…

헙…?!

十一. 독 안에 든 조조

쯧… 승상 어르신!
어쩌자고 직접 나서십니까?
부웅!
몸소 적진에 오시다니 너무 위험합니다!
어서 주둔지로 돌아가십시오…
싫은데?

내가 편의점 바지사장인가?
중요한 프로젝트를 하는데
당연히 보스가
직접 현장에 와야지!
쯧! 그나저나 정말…
휘오오오오…
어마어마하군…!
원소군
보급창

끼이이이이…이이익
쾅!
…후유~
어서 옵쇼~!
前여포 부하
조조의 장수
장료 字 문원

식량은 물론이고,
각종 병기까지
…엄청난 규모입니다!
이 정도면 진짜…
일국의 황제마저
맘먹으면 흔적 없이
작살내고도 남겠지요…

허! 징그러운 원가 놈…
이걸 몽땅
겨우 나 하나 죽이는 데

쏟아부을
참이었단 말이냐?
덜
덜
이 싸이코 자식!

하긴, 날 죽이고 허도를 먹어야
황하를 건너 남하할 테니
각 잡고 덤빌 만하지…
떽! 손들 떼라! 겨우
몇 달 굶었다고 궁상이냐?

식량에 손대지 말라.
잊었더냐?!
우리 목적은 도둑질이
아닌 철저한 파괴임을!

됐으니 어서 땔감과
기름을 가져오라…
우우웅…
…음?!

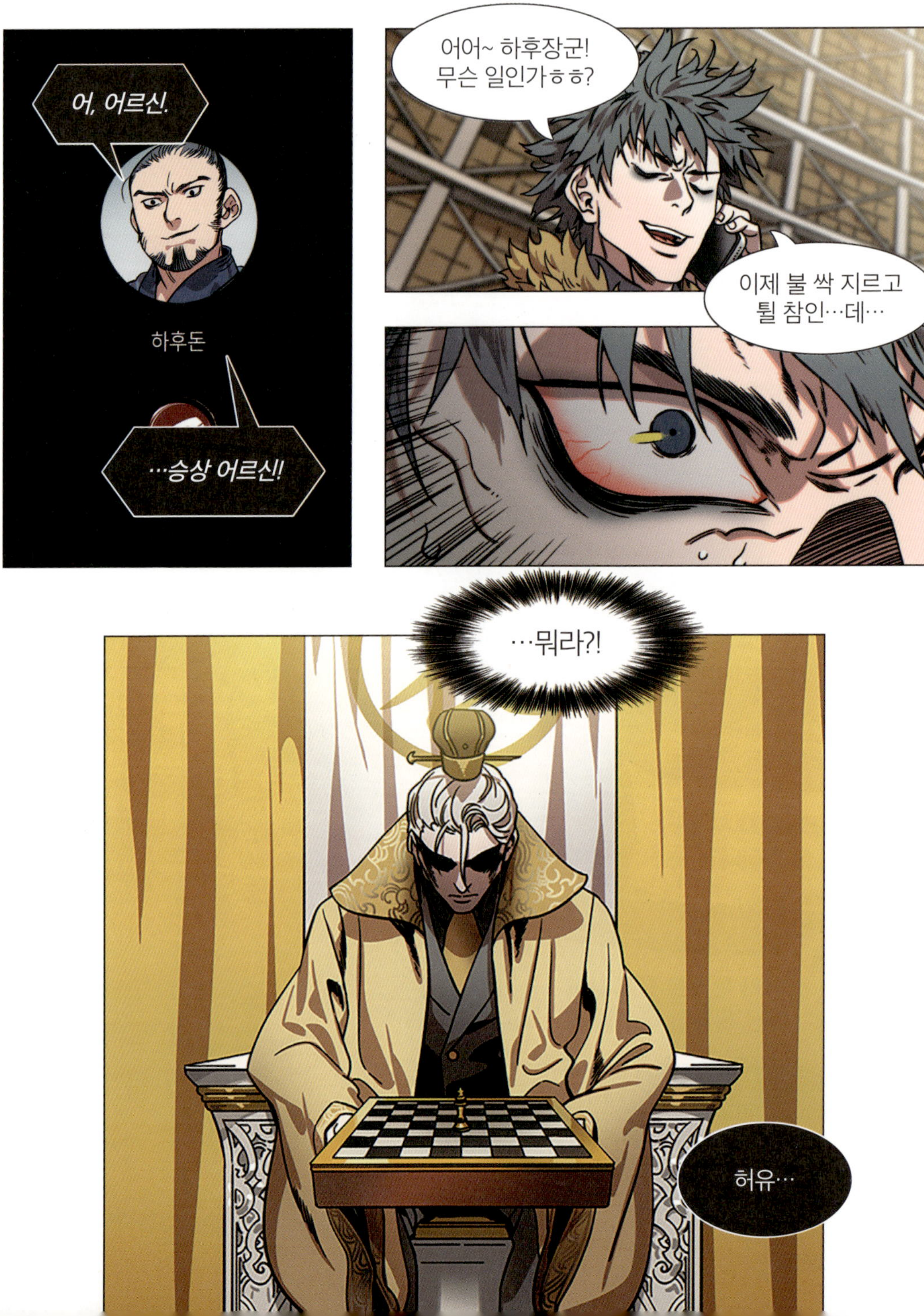
어, 어르신.
하후돈
…승상 어르신!
어어~ 하후장군!
무슨 일인가ㅎㅎ?
이제 불 싹 지르고
튈 참인…데…
…뭐라?!
허유…

오소담당/ 제너럴 순우경^^
ㅇ어ㅓㅓㄹ르신
오소 습겪ㄱ
아만!!!!!!

크, 큰일입니다…
빨리 거기서 빠져나오십쇼!
원소놈이 싸그리 눈치챘습니다!
조조군 장수 하후연 (매복중)
조조군 장수 하후돈 (매복중)

*〈정사〉 원소, 오소가 습격받았다는 소식 듣다.
**〈연의〉 원소, 조조를 섬멸하도록 군사들 보내다.

어, 얼른 군사를
둘로 나누시어
으드득…
하후돈
…절반을 이쪽으로
보내시지요! 어서요!
그럼 저희가 잠시나마
원소군을
막아보겠습니다…
뚝!

태워라!
몽땅 태워버려!!!
어, 어르신!
쿨럭, 쿨럭! 승상 어르신…
제발 좀 멈추십시오!

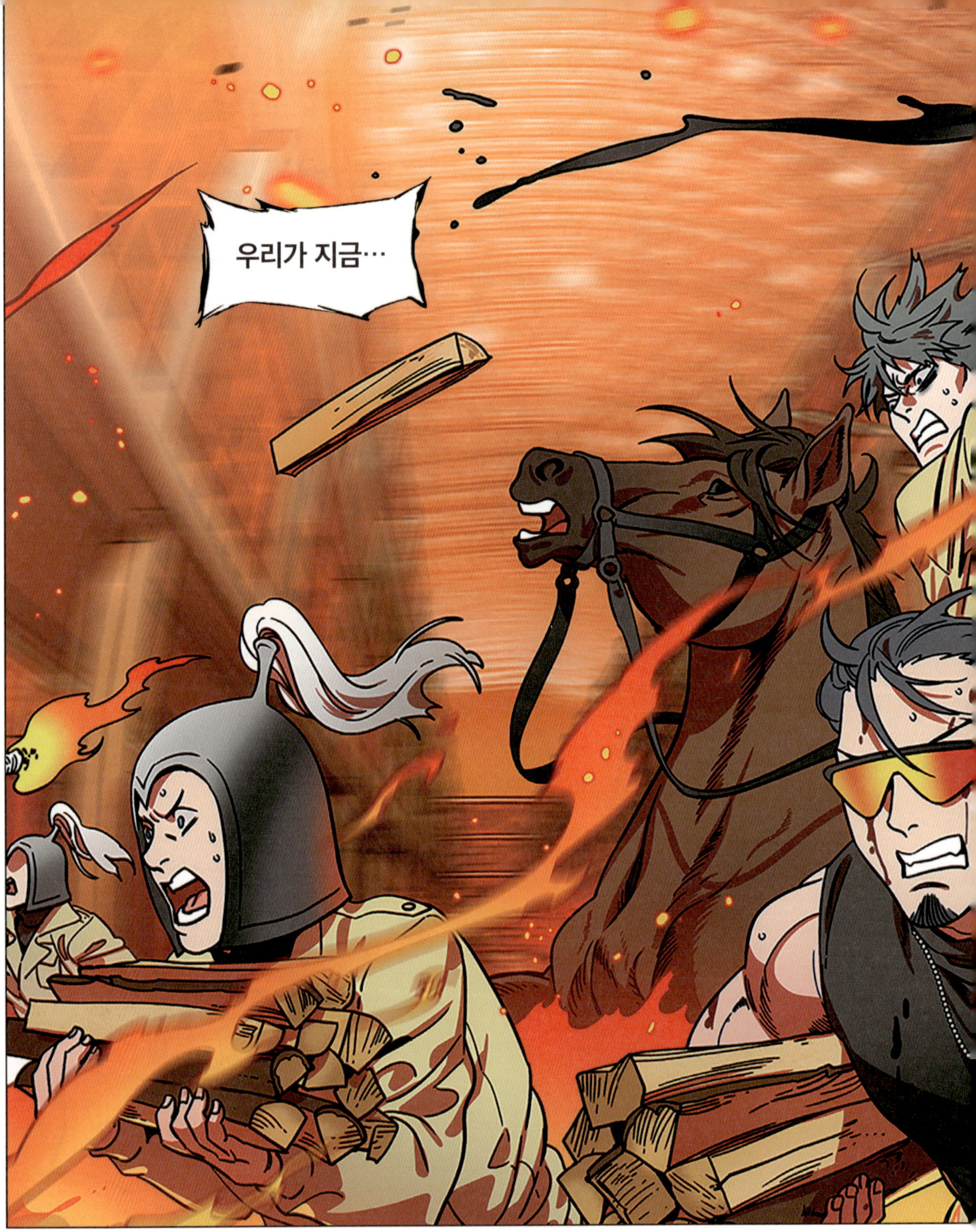
우리가 지금…

*〈정사〉 조조군, 미친듯이 달리며 원소군 식량 창고 사방에 불을 지르다.

이럴 때가
아니라니깐요?!

빨랑 싸울 준비 하십쇼!
저, 적들이 몰려옵니다…
안 돼! 아직 안 끝났다.
계속 달려!
저기다!
조조놈이 저기 있다!
전군! 불 싸질러라!
밤에 오줌 콸콸 쌀 만큼…
아이고!
제발…
허, 어억! 어르신!
적들 우리 20보 뒤까지
쫓아왔습니다!!
15보!
큭큭!
한입거리군!
…10보!
겁쟁이 조조야!
게 섰거라!
5보… 악!

닥쳐라!
정신 사납다!
누가 전투중에
조잘대나?!

*〈정사〉 화난 원소, 정예군 파견해 조조 섬멸하라 명하다.
조조의 군사들, 따라오는 원소군을 막겠다 청하나 조조, 듣지 않다.

싸물고 따르기나 하라.
내게 닿지 않은 칼날은…
…!!!
날 해칠 수 없으니!
!!! …예, 옙!
어르신!
우웅
허저
명 받잡겠습니다…
허억! 허억… 어르신,
감축드립니다!
오소 총사령관…
순우경을 체포했습니다!

*〈연의〉 조조, 원소군이 바짝 따라오는데도 아랑곳하지 않다. "적들이 내 등 바로 뒤에 오거든 그때 말하라!"

또한 창고에 숨어 있던
원소군 전원을
포로로 잡아들였고,
원소측 식량, 병기, 군마…
모조리 소실됐습니다!
크크! 뛰어라, 조조놈아!
벌집으로 만들어주마…
…?!!
허저
오소는 함락됐습니다!!!
뭐, 뭐야?
조조놈…
왜 갑자기
멈춰?!
?!!

크하하핫!
포기했느냐?
오냐, 죽여주마!
이 역적 놈아!
썰물에서… 밀물로

막막한 밤에서
새로운 아침으로!

?!!
…!!!

*〈연의〉 조조가 숨겨둔 군사들, 사방에서 달려나와 원소군 포위하다.

지금까지는 쫓겨 달아나는
사냥감이었으나,
이제
내가 사냥꾼이다!
쳐죽여라!!!
한편, 관도
원소군 주둔지
Hmm…
(흠…)

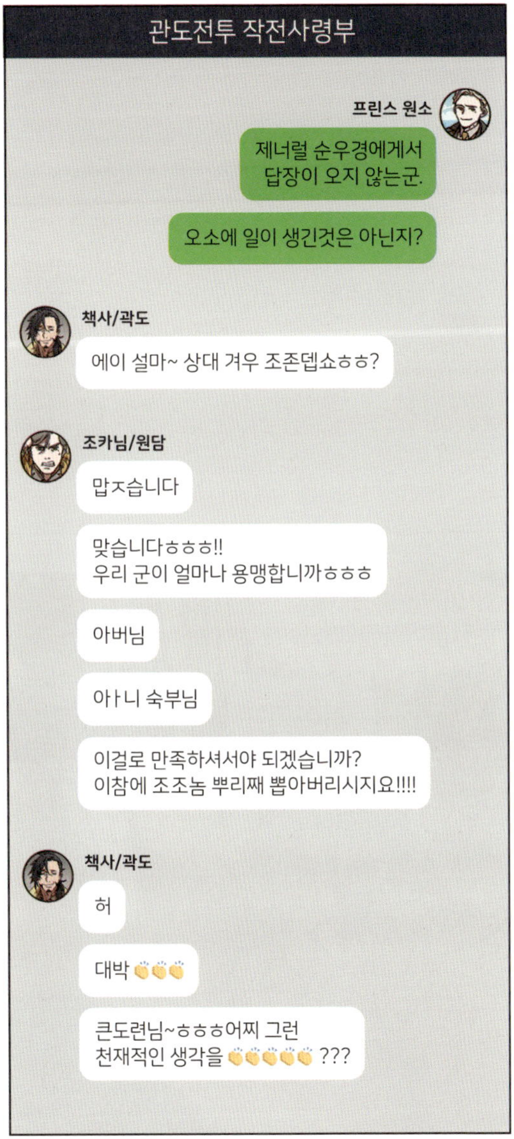
관도전투 작전사령부
프린스 원소
제너럴 순우경에게서
답장이 오지 않는군.
오소에 일이 생긴것은 아닌지?
책사/곽도
에이 설마~ 상대 겨우 조존뎁쇼ㅎㅎ?
조카님/원담
맙ㅈ습니다
맞습니다ㅎㅎㅎ!!
우리 군이 얼마나 용맹합니까ㅎㅎㅎ
아버님
아ㅏ니 숙부님
이걸로 만족하셔서야 되겠습니까?
이참에 조조놈 뿌리째 뽑아버리시지요!!!!
책사/곽도
허
대박
큰도련님~ㅎㅎㅎ어찌 그런
천재적인 생각을 ???

Ah, 우습군!
천재적인 생각은 무슨.
곽도, 모두 그대가
속삭인 노래겠지!

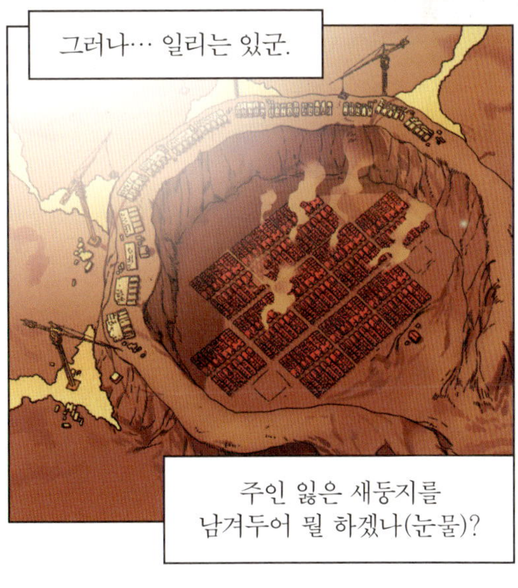
그러나… 일리는 있군.
주인 잃은 새둥지를
남겨두어 뭘 하겠나(눈물)?

*〈정사〉 원소 책사 곽도, 원소의 첫째아들인 원담 편들다.
**〈정사〉 원소, 장수 장합과 고람을 관도의 조조 주둔지로 보내다.
조조가 오소로 간 틈을 타 비어 있는 본진 공격하도록 명령하다.

아만!
저승에서 편히 잠들길…
제너럴 순우경
선물
우웅!
프린스 원소
?
관도전투 작전사령부
프린스 원소
아, 장군^^ 왜 이제야 연락하는지?
이 추한 상자는 무엇이며.
당연히… 역적 조조는 죽었겠지^^?
제너럴 순우경
ㅋㅋ
프린스 원소
?
어, 어르신!
선물
오, 오, 오소에서
역적 조조놈이
파발을 보냈습니다!!!
제네럴 순우경
원본초ㅎㅎㅎ
궁금하면 직접 까보지 그러냐?
어르신께 바치는
선물이라는뎁쇼…
히이익?!

휘오오오...
……
쿵!
쿵!
크윽…
덜 덜…
휘오오…
탁!
저벅
탁!
저벅

쿵!
쿵!
저벅
탁!
저벅
탁!

야~ 너!
고새 팍 삭았다?
Ah… 아만.
정말 여전하군!
10년 만에 만나건만,
여느 때와 같이
품위가 조금도 없어.
…흥!

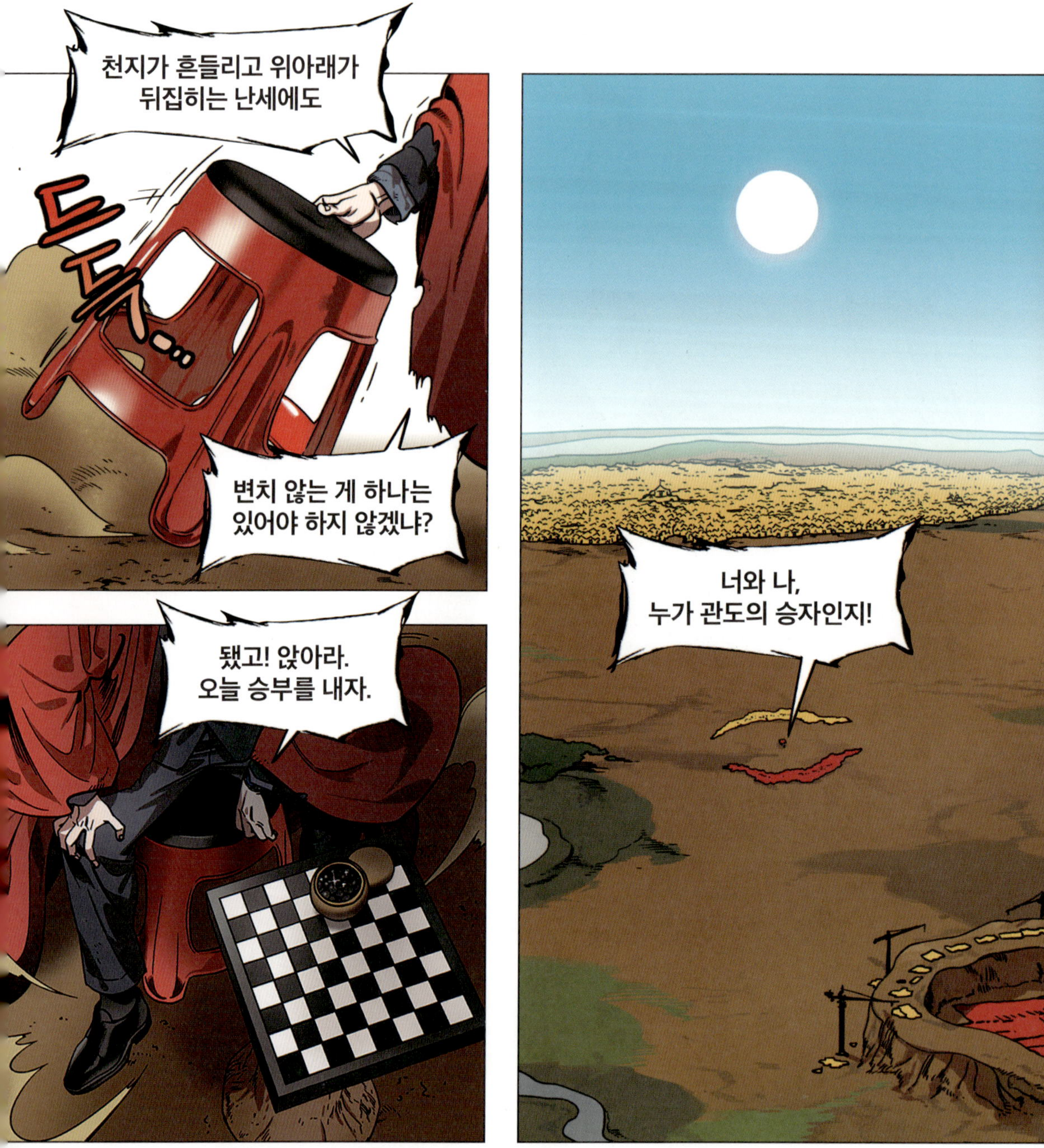
천지가 흔들리고 위아래가
뒤집히는 난세에도
변치 않는 게 하나는
있어야 하지 않겠냐?
됐고! 앉아라.
오늘 승부를 내자.
너와 나,
누가 관도의 승자인지!

……
불쾌하군.
'승부를 내자'?
체스판 위에
바둑돌을 두고?

영문 모를
농담 따먹기나 하기 위함인지?
아만…
내게 이따위 것을 보내
도발한 이유가!

'코'더군.
…제너럴 순우경과 내 군사
1천 명의 얼굴에서 잘라낸 코!

*〈정사〉 조조, 원소의 식량 기지 오소 습격하다. 포로로 잡은 원소 측 장수 순우경과 원소군 1천 명의 코를 잘라 원소에게 보내다.

제정신인지? 순우경은…
함께 낙양에서 어울린
너와 나의
벗이었을 터!
하! 원본초.
우정을 논하잔 말이냐?
너람 나…
이 멤버로ㅎㅎ?

조맹덕! 겨우 이걸로
내가 겁먹을 줄 알았다면…

아니! 기대도 안 했다,
이 괴물 새끼야.

컥! 모, 모가지 천 개를
잘라 보낸대도
네가… 눈이나
깜빡할 놈이냐ㅎㅎ?
암! 이곳 관도는
최전선일 뿐.
'프린스 원소'는 이 정도로
쓰러지지 않으리라…
달각

*〈정사〉 원소, 기주·병주·청주·유주에 걸친 하북(황하강 북쪽) 지역에 여전히 엄청난 병력 거느리다.

하지만!
깜짝!
네 아랫것들은 어떨까?
텅!
절그렁!
평생 거울 보고,
셀카 찍을 때마다
두려움이 되살아날 테지.
카메라
그러곤
후회에 몸부림칠 것이다…

"아, 조조놈을
너무 얕보진 말걸(눈물)"
하고!
…!!!
네가 감히…
건방진!

十四. 피 토하는 원소

그만!

경솔한 행동은
삼가시지요.

정녕 이곳을…
주군, 아니 어르신의
무덤으로 삼고자 하십니까?!
前원소군 장수
배신자 장합
前원소군 장수
배신자 고람

?! 자, 장합… 고람!
그대들이 어찌?!
그 붉은
군복은…
하! 은혜를 원수로 갚는군.
역적과 어울리기로 했나?!
아뇨, 어르신!
배신은…
저희가 먼저 당했지요!
책사 곽도선생
아 장군들 뭐한겨~ㅠㅠ
빠릿빠릿 움직였어야지 어??
오소도 구하고 조조놈 주둔지도 불태우지
군바리들이 빠져갖고말야~ㅠㅠ
사령관 장합
죄송합니다.
책사 곽도선생
넘나 수상해~어?
당신들 사실 조조놈이랑 편먹었지??
그러나 거둬주신
은혜는 갚겠습니다.
?!
목숨만은 살려드릴 테니,
어서 돌아가십시오…

*〈정사〉 원소 참모 곽도, 장합과 고람 보내 조조군과 싸우도록 하다. 그러나 원소군이 밀리자, 패배 책임 뒤집어쓸까 두려워 두 장수를 모함하다.

기주*에서 반란이 일어났습니다!
뭐… 뭐라?!
[속보] "프린스 원소, 실망이다" 반란 일어나
반란군 "최강인줄 알았더니 최강 아니네ㅋ"
"사실 마음에 안들었어…나도 1인자 노려볼까" 반란
어찌 놀라십니까?
사자가 다쳐 절뚝거리면 웅크리고 있던 여우와 늑대가 날뛰는 법!
어르신이 관도에서 밀리자,
그간 반감 가졌던 자들이 이때다 하고 일어선 것이지요…
우욱! …쿨럭, 쿨럭!
커헉!!
푸핫! 기가 막혀서… 이 무슨 꼴이냐? 원본초!

*기주 : 원소 본거지.

죄다
엉망진창이구먼?!
동경했다. 하나뿐인
귀한 체스말 '킹'처럼
모두가 우러러보는 너를!
그러나 잊고 있었군.
바둑과 달리 체스는
킹이 쓰러지면
게임도 끝난다… 즉,
프린스 원소, 네놈이야말로
…거대한 원소 왕국의
무기이자 약점!
히익!
히익…
……
……
뭐야,
웬 엄살이야?!
빡쳐서
다리 힘 풀렸냐?

크크! 여봐라!
프린스 어르신께
쐬주 한 병 갖다드려라…
……
……어?
…?!!

컥… 어서! 대장군을 모셔라!
원소 책사 저수
강을 건너라… 기주로 달아나!!!!!
이, 이런! 여봐라! 적들을 추격하라…
아, 아니! 됐다! 달아나게 두어라!
기주, 업
쫓아가서 뭐하시게? 황하 너머는 놈들 소굴인데!
크하핫! 원가 놈, 사람 놀라게 하긴!
피는 왜 토해? 흥! 빡쳐서 혓바닥이라도 칵 씹은 거렷다!!
오늘은 어? 특별히 봐줬다~!
됐고, 흙벽을 허물라! 조만간 또 붙자, 원본초!
……
…아뇨, 승상 어르신!

*〈정사〉 한줌짜리 원소군, 원소만 겨우 구하여 허둥지둥 황하 건너 도망치다.

그릴 기회는 없을 겁니다…
기주대병원
여보… My love!
아버님!
정신 차려요… 명령이에요!
어서… 으흐흑!

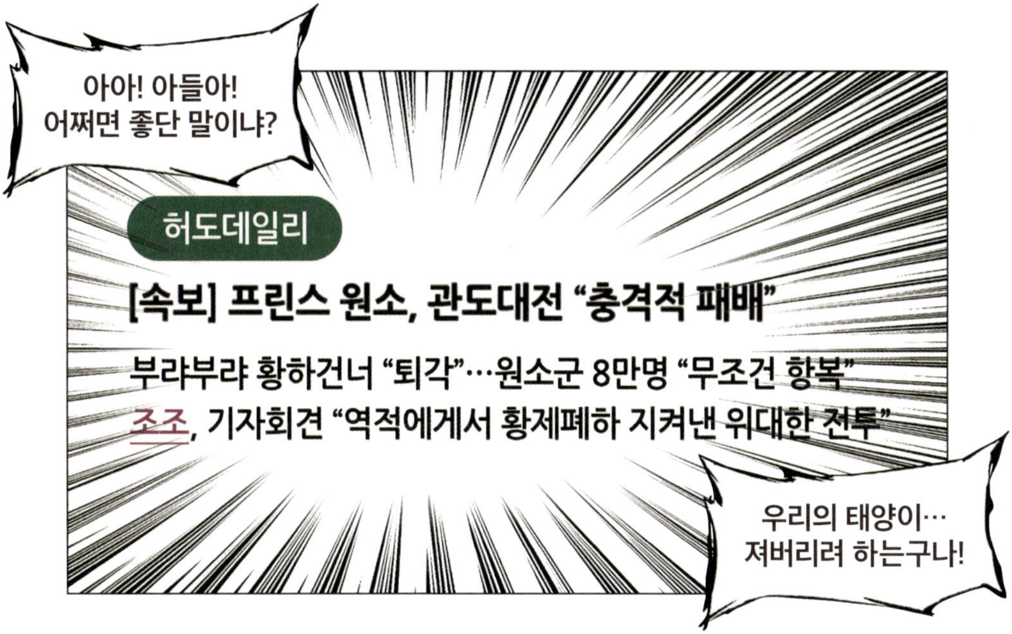
아아! 아들아!
어쩌면 좋단 말이냐?
허도데일리
[속보] 프린스 원소, 관도대전 "충격적 패배"
부랴부랴 황하건너 "퇴각"…원소군 8만명 "무조건 항복"
조조, 기자회견 "역적에게서 황제폐하 지켜낸 위대한 전투"
우리의 태양이…
져버리려 하는구나!

안 됩니다, 아버님!
어서 눈을 뜨세요…
아직 할일이 너무나
많으신걸요!

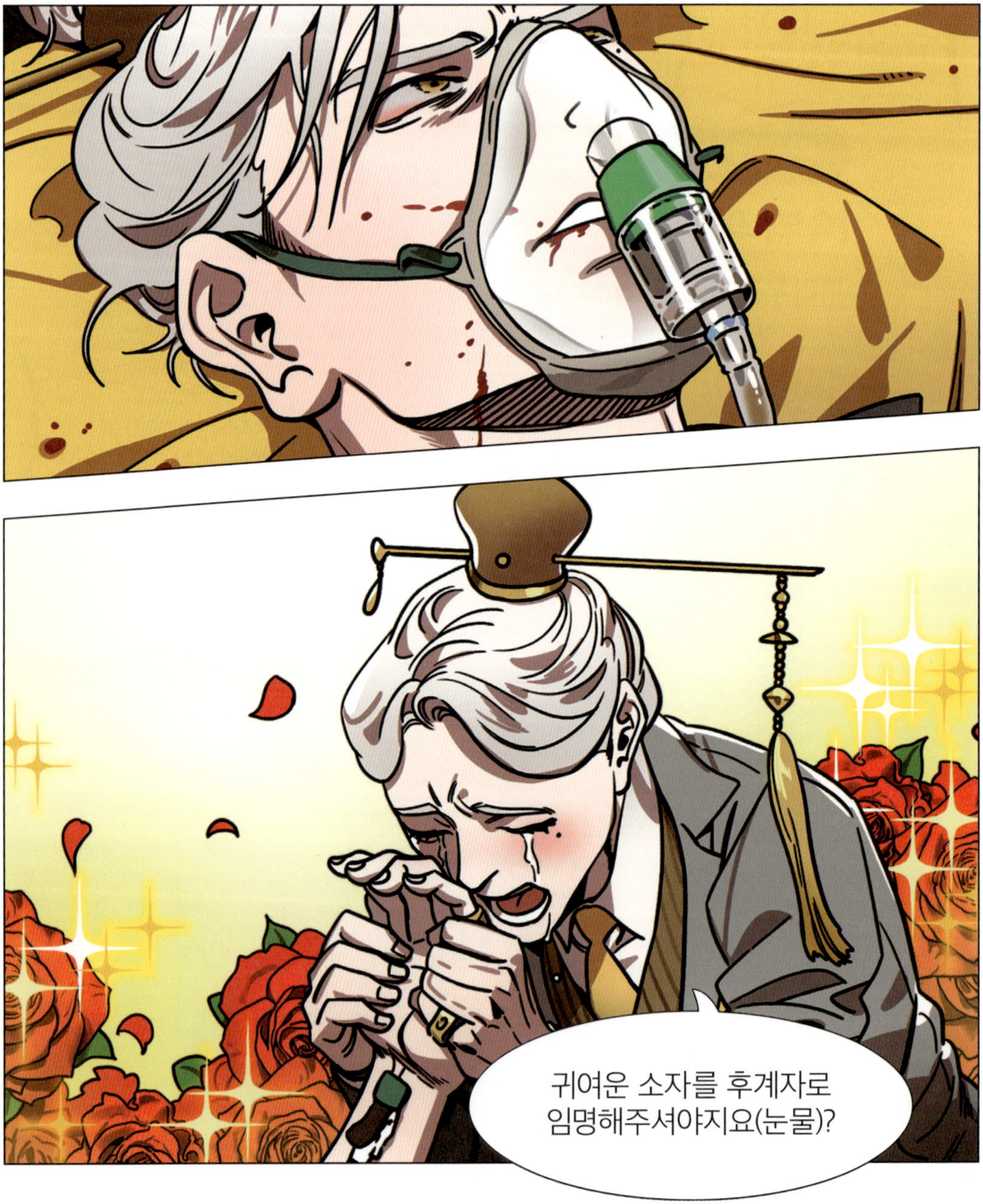
귀여운 소자를 후계자로
임명해주셔야지요(눈물)?

十五. 프린스 원소의 최후

My dear(아들아),
아름답지 않니?
10여 년 전
예쁘고 우아한 것이…
네 아버지를 똑 닮았지?
원소의 새 아내
유위(유부인)
어린 원상
(원소와 유위의 아들)
Ah,
하지만 어머니!
이 옥구슬엔
금이 간걸요?
그래. 그것마저 같지.
명문가 도련님이지만
…천한 노비의 자식이란
큰 흠이 있으니 말이다!
흠! '기품'이라는 황금으로
깨진 틈을 메워도,
타고난 흠집은
영원히 어찌할 수가 없지…

*〈정사〉 온 나라 명사들의 존경을 받았던 원소, 사실 어머니가 노비라고.

하지만 아가!
넌 다르다.
이 어미는 순수한
대명문가 사람.
작은 흠도 없이…
완벽하고 완전한 너!
원소 큰아들
원담
둘째아들
원희
너야말로 진정한
'프린스 원소'의
후계자.

깜
짝!

*원담, 원희는 원상과 어머니가 다르다. 원소가 전 아내(신분을 모르고 이름조차 알려지지 않음)의 사이에서 낳았다.

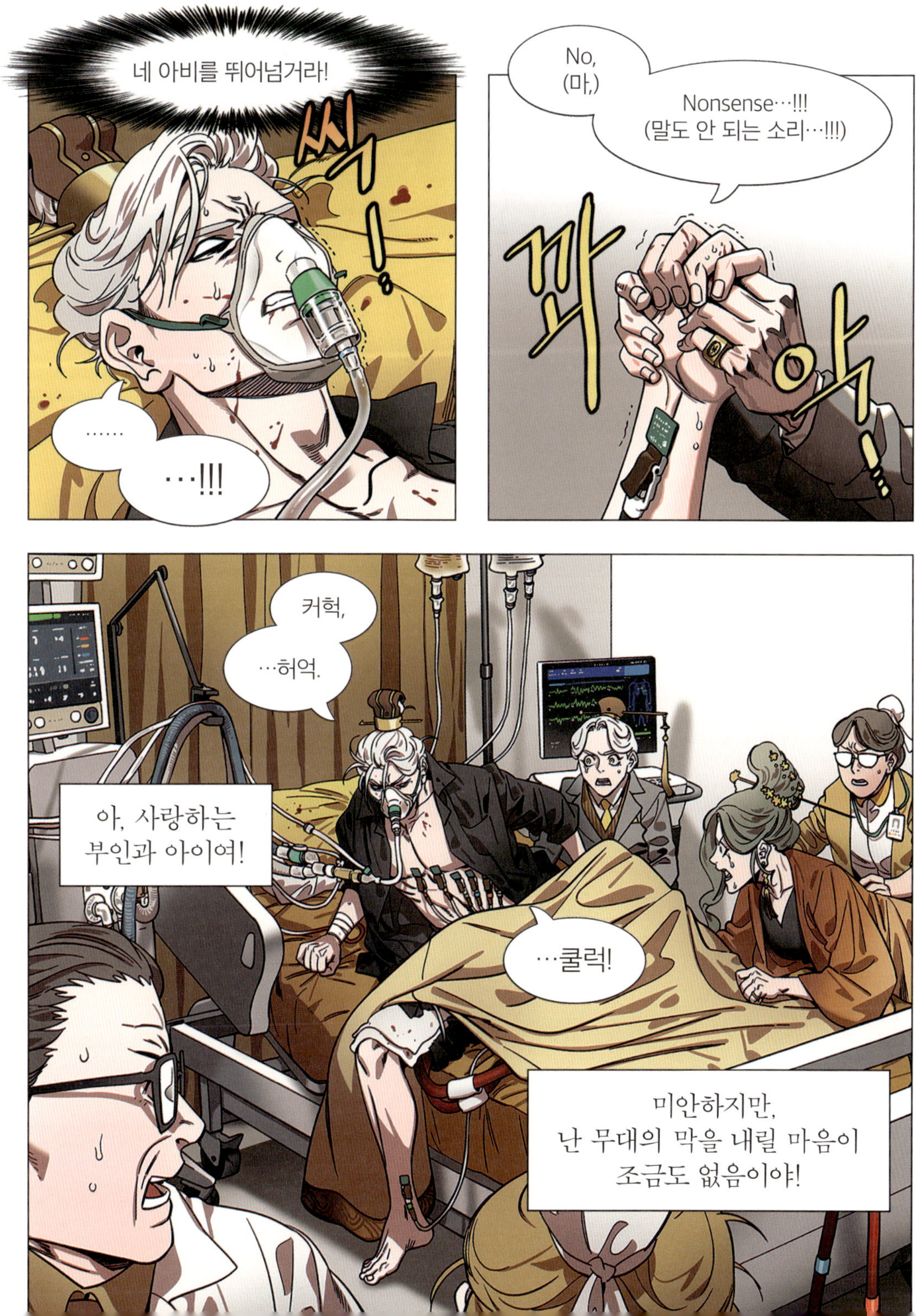
네 아비를 뛰어넘거라!
씩-!
……
…!!!
No,
(마,)
Nonsense…!!!
(말도 안 되는 소리…!!!)
꽈악-!
커헉,
…허억.
아, 사랑하는
부인과 아이여!
…쿨럭!
미안하지만,
난 무대의 막을 내릴 마음이
조금도 없음이야!

Oh, 이런…
꼴사나운 모습을 보였군^^;
아직 그 무엇도
…끝나지 않았어!
아, 아버님!
아들아!
하북 3주의 총사령관들을
당장 이곳으로 불러모으렴.

청주, 유주, 병주…
그 거대한 땅들을
원소!
발아래 두고
다스리는 게
누구라고 생각하는지?
袁
원소!
원소!

모두 내 분신.
이 원소의 아이들이다!
관도에서의 패배는,
뜻밖의 사고였을 뿐…

*〈정사〉 원소, 막내 원상을 아끼면서도 후계자 임명에 대해선 어떠한 말도 남기지 않다.

My dear!
널 사랑하나…
이 아비는
지지 않는 태양이란다.

'프린스'의 자리는
아직 무겁지 않을지?
그, 그럼요! 내 사랑.
누가 당신을 대신하겠어요?

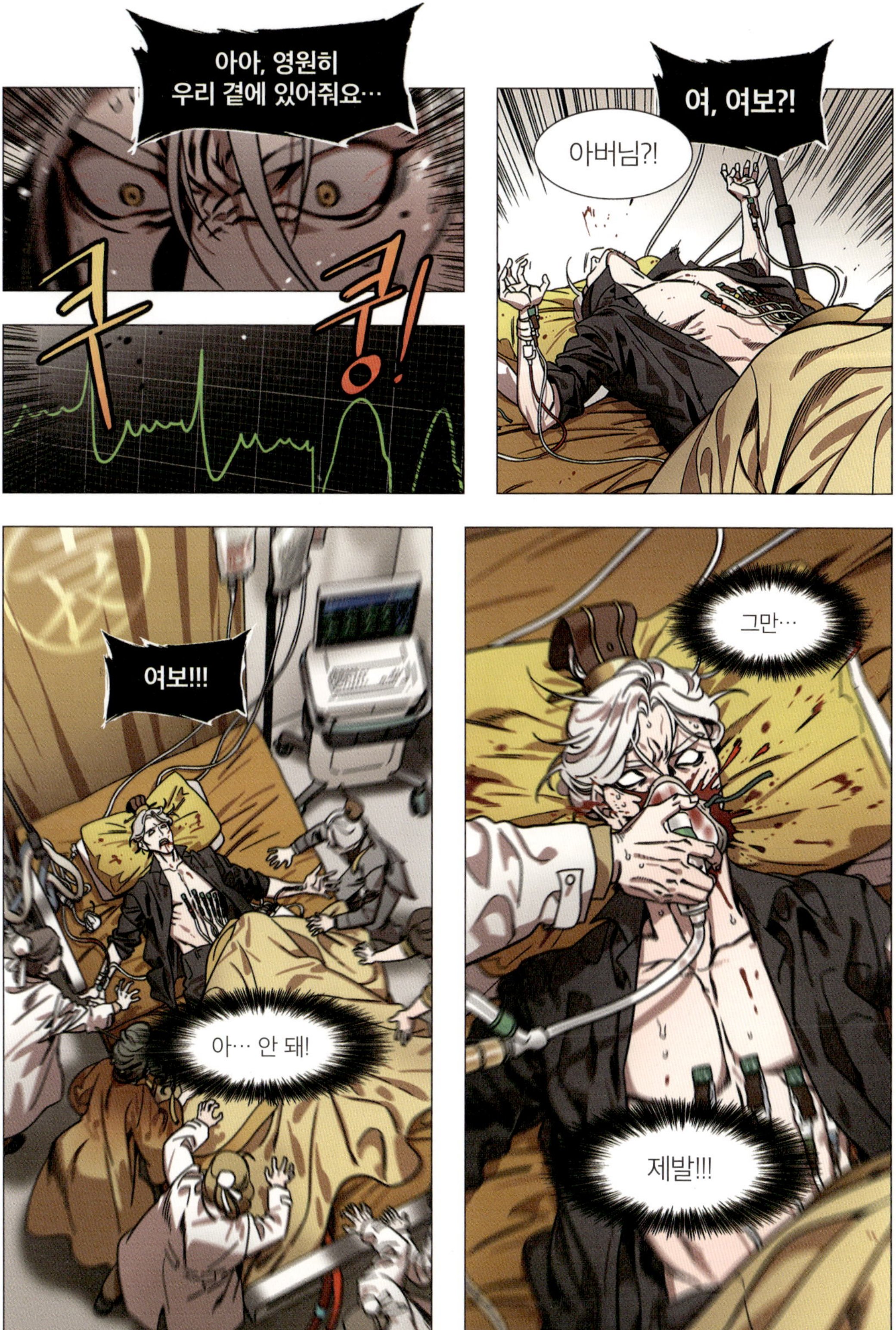
아아, 영원히
우리 곁에 있어줘요…
쿠
쿵!
여, 여보?!
아버님?!
여보!!!
아… 안 돼!
그만…
제발!!!

왜 하필 지금?
왜 하필…
나란 말인가!

내겐 모든 걸
바로잡을 힘이 있다.
다시금
천하를 무릎 꿇릴
계획도 있어…

손만 뻗으면
하늘마저
이 원소의 것이 될
참인데!

*〈정사〉 원소, 장차 황제 자리에 오르고자 하다. 그러나 배다른 형제 원술이 황제를 칭하다 비참하게 죽어 타이밍 미루다.

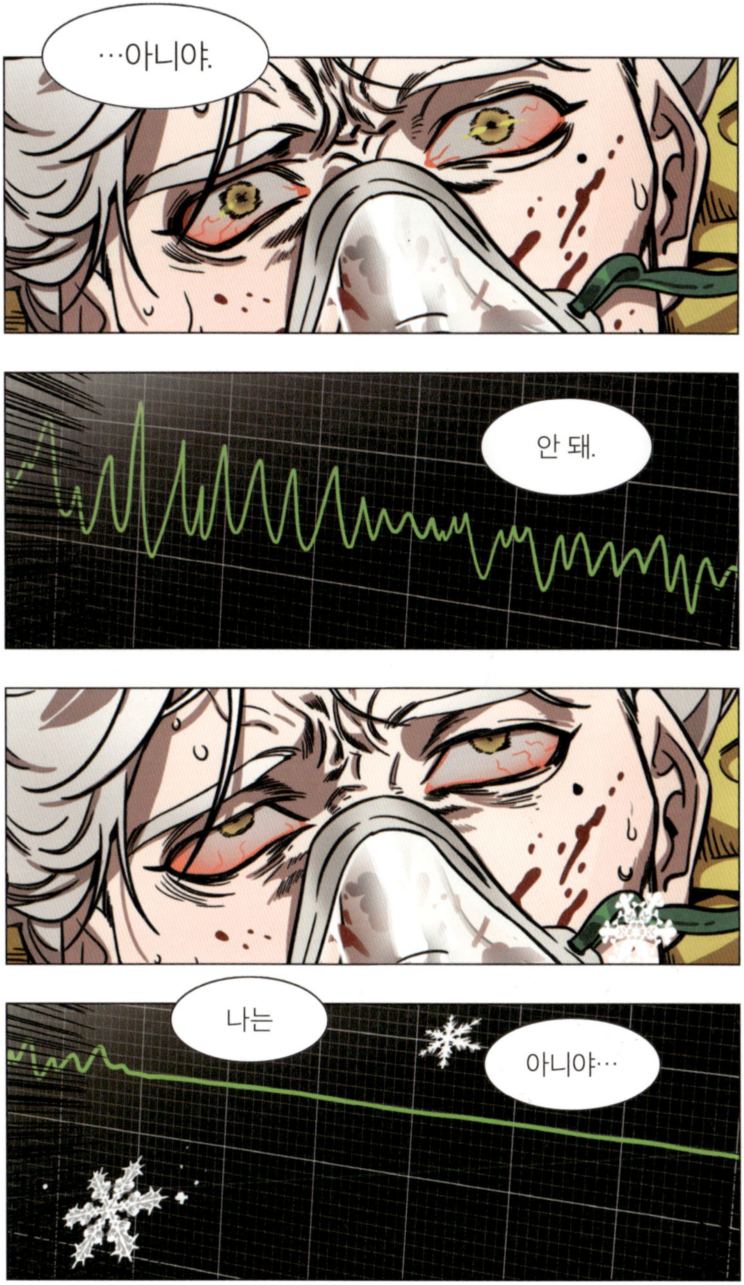
…아니야.
안 돼.
나는
아니야…

가슴이 뜨겁다.
아니,

춥구나…
어어ㅋ~!
? 어.
……뭐?
조조 주둔지
(파티중)

아니! 내가 이해가
안 되니까 이러잖아.
다시 한번
말해봐봐.
누가… 죽었다고?
워,
뭔가 놈이…

그놈이… 왜 죽어?!
기주대병원
마, 마님!
원소 참모
심배
털썩…
어찌되셨습니까?!
주군께서는… 설마…
VVIP
프레지던스
입원실
숨을,
거두셨네…
예에?! 으으으…
우아아아아아악!!!
그래서요?
유언은요! 그분의…
마지막 소원은
무엇이었습니까?!

생전 그토록 원하신 대로
제일 사랑하는 막내…
원상 도련님을
후계자로 고르셨겠지요?!
…아니.
유언은
없었어…
…?!!!
실시간 급상승
1~10위
11~20위
1 프린스 원소 사망 new ▲
2 프린스 원소 new ▲
3 원소후계자 new ▲
4 원소 후계자 누구 new ▲
5 프린스 빈소 new ▲
6 프린스의 명복을 빕니다 new ▲
7 조조 죽어라
서, 설마요!
어찌 그럴 수가…

*〈연의〉 원상 어머니 유부인, 숨넘어가는 원소에게 묻다. "상에게 후사를 잇게 하리이까?" 그러나 대답 듣지 못하다.

흠,
"유언이 없었다"…
…?!!
원소군 특수진압대
(대테러, 요인 암살 전문)
그래서야
안 될 말이지요.

…?! 마, 마님? 심선생님!
나의 주군이여,
당신의 못다 이룬 계획은
어떠한 방해도 받지 않을 겁니다!
당신들 뭐야? 썩 꺼져!
고, 고인 앞에서 이 무슨…
여보세요? 국장님^^
?! …예에? 대장군 어르신께서 돌아가시고
제일 어린 도련님이 후계자가 되셔요?!
기주일보 편집국장
이럴 수가… 하북 4주의 운명이 걸린 큰일입니다!

유언을 같이 들은 분들이
곁에 계시지요?
저희가 인터뷰를
할 수 있을지…
Oh… 이런!
그건 어렵겠는데.
그이의 마지막
말을 들은 건
팍!
퍼억!!
퍽!
끄악
오직 나
뿐이라…(눈물)
마님, 도련님.
뒷정리는 걱정 마시길.
철퍽
~우아한 원씨가문 사랑방~
참모 심배
우리 어르신께서 돌아가셨습니다
어서들 이곳으로 모일것
장소 : 기주대병원 장례식장 프레지던스홀
이자들은 프로니까요.

*〈정사〉 유부인, 원소의 첩들 모조리 숙청하고 시신 훼손하다. ('첩'은 혈연, 지연으로 맺어진 측근 관계를 뜻하므로, 사실상 후계자 경쟁에 끼어들 가능성이 있는 자들을 죄다 죽여버린 것.)

만세를 누리소서,
새 프린스 원상 어르신!
죽여버릴 테다,
막내 너 이 자식!!!
이쁨 좀 받았다고?
어? 확 돈 게냐?!
아버님의 첫째는
바로 나! 나란 말이다!
한데 감히…
내 자리를 싹 훔쳐가?!
어머니! 심배!
썩들 꺼지시오……
…허, 억?!!

아아,
아버님…?!
? 형님들.
먼길 오느라
지치셨습니까?
갑자기 웬
잠꼬대인지…
내 한번만 봐드리지요.
형님… 아니 원장군.
뭣?!
어서 무릎을 꿇도록.
죽고 싶지 않다면.
천한 핏줄이라 말귀도
알아듣지 못하나?
아버님께서 이 원상을
후계자로 지목하셨으니,
빠르고 정확한 팩트 뉴스
기주일보
[속보] 프린스 원소 유가족 발표 "후계자는 막내 원상"
- "비록 어리나, 가장 훌륭한 핏줄 타고나"
- 유언장은 딱히 없어…원상 측 "증거가 왜 필요해?"
나는 이제 그대들의
동생이 아닌 주군!

*〈정사〉 원상, 어머니인 유부인이 죽인 자들의 유가족까지 모조리 살해하다.「원담, 원상전」

어서 예를 갖추라…
마, 막내
도련님!
아니…
새 어르신!

크, 큰일났습니다!
피하십시오!
조, 조조가
이쪽으로…

검은 양말,
검은 타이.
죽은 자를 배웅하는
온통 새까만 상복!
이걸, 원본초!
네놈을 위해 입게 되다니…

아, 아! 적들은
들으라!
너희는 포위됐다.
역적 원소 패거리는
성문을 열고
우리 승상께
머리 숙여 항복하라!
황명이니라!
이런…
건방진!
기주대병원

조조놈이 우리를
포위했단 말이냐?!
故원소 큰아들
원담 字 현사
故원소 막내아들
원상 字 현보

예, 옙! 보란듯이
상복까지 빼입고요…
하!
시건방진
조가 놈…
하찮은 승리 좀 했다고
눈깔에 뵈는 게 없구나!

썩 비켜라!
?!

*〈정사〉 조조, 엄청난 전력 차이 극복하고 관도대전에서 원소를 이기다.

끼긱!
쿵!

…!!!
꼬, 꼴좋으십니다.
아, 아버님!
이게 웬 망신입니까?!
겨우 조조 따위를 죽이지 못하여
마지막 가는 길까지 모욕당하다뇨!

…절 끝까지 못난이
취급하셨지만,
'아버지'라 부르지도
못하게 하셨지만!!!
혀! 형님…
고정하세요…
나야말로 당신의
진짜 후계자야.
이제라도 똑똑히
보여주겠어…!

*〈정사〉 원소, 큰아들 원담을 아이 없이 죽은 다른 원씨 집안의 사람에게 양자로 보내다. 아들을 '조카'라 부르다.

천박하긴!
그러고도 나와 피를 나눈 형제인가?
고인의 단잠을 방해하다니…
Ah… 걱정 마세요!
소자가 모든 걸 바로잡고야 말겠습니다.
전 아버님의 후계자인걸요?
아버님보다 완벽한…
탕!

어머님?
접니다!
Oh… 기자회견
중이시라고요?
잘되었습니다!
이것도 발표하시지요.
역적 조조는
이 원상이 죽일 것이다!
다, 닥쳐라!
어디서 새치기야?!
하북 4주의
총사령관은 나다!
아우야!
너 병력 얼마나
데리고 왔느냐?
어, 예에?!
제, 제가 6만에
고간 쪽 병주군이
5만 정도요…?
병주자사 고간
Oh...온 힘 다해 돕지, 형제들^^
돌아가신 숙부님은 내겐
아버지와 같은 분이셨으니...(눈물)
크하하핫, 차고 넘치는군!
아우야! 넌 네 구역인
유주에서 대기해라.
병주군도 돌려보내마.
여긴 나 혼자서도 충분하니!

*〈연의〉에서는 하북 4주를 다스리는 원소 자식들이 함께 조조와 싸우나, 〈정사〉에서는 각각 자기 위치를 지켰다고 한다.

…조조놈 따윈 껌이다!
어어~?
이거 일났네!

갓르신~
우리 이러다
싹 다 죽을 듯요?

그, 그게 무슨 소리야?
내가 질 거란 말이냐?
책사 곽가
쯧! 하여간
요즘 것들은…
?!
머리 꼬라지가 그 모양이니
눈에 뵈는 게 없지.
곽선생아. 고 두 눈
똑바로 뜨고 잘 봐라!
지금 이기고 있는 게
나냐, 적들이냐?!

*〈정사〉 조조, 원소가 죽자 원소 본거지 기주를 습격하다.
기주 관문 여양을 함락하는 등 크고 작은 전투에서 이겨 남은 원소 세력(원담, 원상) 궁지로 몰아넣다.

봐! 원가 놈들은
독 안에 든 쥐 꼴이라
이 말이야! 한데!
가, 감히 누가 날
조질 수 있단 말이냐…
크~ 목소리
떨리시죠?
내 생각=갓르신
생각이죠?
맞죠~
대단한 승리죠.
상대는 하북 4주를
거머쥔 원씨팸인데ㅎㅎ
기주, 업
허도신도시

하지만 강자가 과연
영원히 처맞고만 있을지ㅠㅠㅋ?
아직 힘 남겨놨으니 분명히 이거 장기전이 될 텐데…
우리 ㅎㅎ 이웃사촌들 다 개싸이코잖아요?
…옳다. 원본초가 죽어 북쪽은 당분간 혼란스럽다 치더라도
허도신도시 (조조근거지)
형주
문제는 남쪽, 형주와 강동!
유비, 그 망할 놈!
늙다리 꼰대 유표와 손잡고 내 발목 못 잡아 안달났지.

그리고 그 옆,
강동 땅엔…
미친 개가…
강동의 지배자
소패왕 손책
파트너 주유

*〈정사〉 조조, 손책을 '미친 개 같은 아이'라 부르며 질색하다.

그놈들
심상치가 않아요.
소름이야, 아주.
뭐, 뭐가? 미친 개…
아니! 오묫후 그 친구
이제 내 사람인데ㅎㅎ
장수
건강
나한테 말하는 폼 보니깐
철들었더구먼 뭘…
오후 손책
황은이 망극합니다
저같은 촌뜨기를 제후로 다 봉하시고ㅠㅠ
17살에 아버지 돌아가시고,
최소한 우리 가족 욕만 먹이지 말자
애썼을 뿐데요ㅠㅠㅠ
승상 조조
ㅎㅎ겸손은
오후 손책
여튼 황제폐하께 전해주시죠
앞으로 제가 거두는 승리 몽땅 바치겠다고
기대하십쇼
ㅎㅎ철든 거 맞대요?
칼 든 거 아니고?

*〈정사〉 조조, 원술 토벌을 계기로 손책에게 벼슬 주며 살살 달래다.

아세요? 그 철든 미친 강아지께서 요즘
장강 쪽에 배랑 병력 모으고 있는 거ㅎㅎ
강동
강 군사 훈련이라는데
허도신도시 (조조근거지)
문제는 장강 건너편이
누구네 집이게요~ㅎㅎ?

저 전군!!!!!
고만하고 짐 싸라! 집 가자!
지금 당장… 허도로 귀환한다!!!

*〈정사〉 소패왕 손책, 비밀리에 조조 근거지 허도를 치고자 하다.

빨리!!!
그로부터 몇 달 뒤,
안절
부절
조조 근거지
허도
조조
야 곽선생아 진짜 이게 맞는거냐??
조조
니 말대로 돌아오긴 했는데
괜한 짓한거 같다ㅉㅉ

*〈정사〉 곽가, 싸움을 멈추고 일단 허도로 돌아가자 청하다. 조조, 그 말을 따라 기주 공략을 잠시 포기하다.

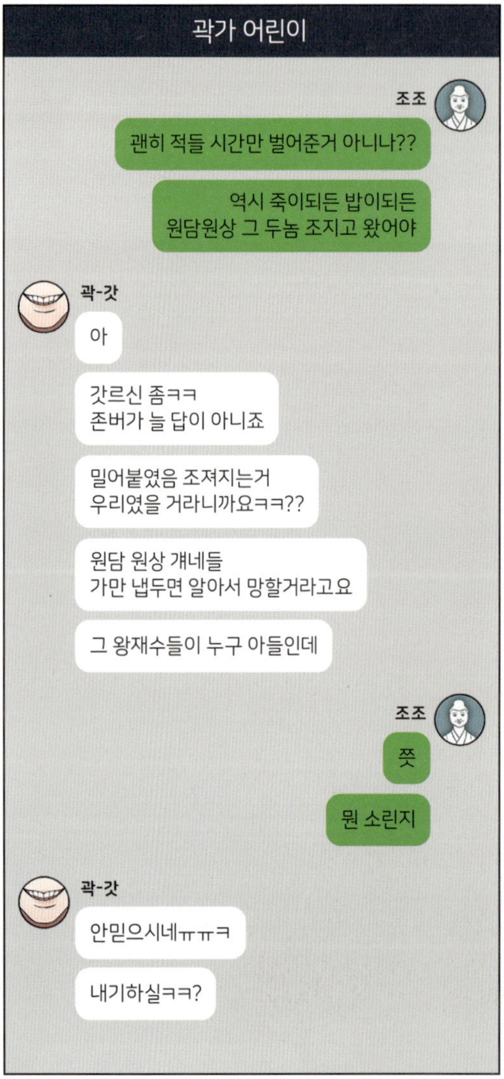
곽가 어린이
조조
괜히 적들 시간만 벌어준거 아니냐??
역시 죽이되든 밥이되든
원담원상 그 두놈 조지고 왔어야
곽-갓
아
갓르신 좀ㅋㅋ
존버가 늘 답이 아니죠
밀어붙였음 조져지는거
우리였을 거라니까요ㅋㅋ??
원담 원상 걔네들
가만 냅두면 알아서 망할거라고요
그 왕재수들이 누구 아들인데
조조
쯧
뭔 소린지
곽-갓
안믿으시네ㅠㅠㅋ
내기하실ㅋㅋ?

우우웅...
새 메시지

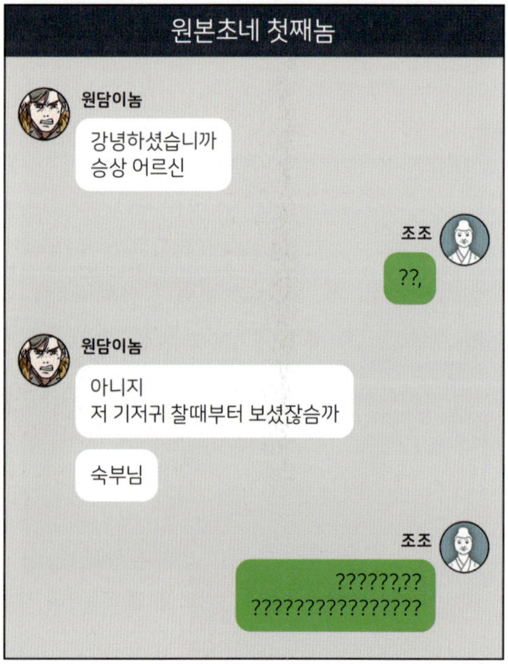
원본초네 첫째놈
원담이놈
강녕하셨습니까
승상 어르신
조조
??,
원담이놈
아니지
저 기저귀 찰때부터 보셨잖슴까
숙부님
조조
??????,??
????????????????

원담이놈
저 지금 댁 근천데
원담이놈
이 조카 술 좀 사주시죠??

十九. 원담 vs. 원상

과, 곽가 시키…
네가 천재가 맞긴 하구나!
정말로 적이 먼저
내게 연락을 하다니?!
덜덜…
시, 실수하면 안 된다!
조조
아이고~어쩐 일이신가
우리 대장군께서
원담이놈
?내가 왜 대장군입니까
대장군은 돌아가신 제 아버지가
대장군이셨지??

조조놈
어허~웬 겸손ㅠㅠㅋ?
흥!
조조놈
우리 큰조카님이야말로
프린스 원소의 참된 후계자 아닌가

원본초네 첫째놈
조조
아빠 벼슬 물려받아 마땅하지 암~^^
원담이놈
허
거 고맙습니다
당연한 이치를 왜 막내놈은 모르는지 원
조조
???
원담이놈
저 원상한테 쫓겨났습니다
지금 청주에서 거지꼴로 돌아다니는중
조조
헐?
저런 고얀놈??
아무리 친형 아니라두 그렇지 어디
동생이 형을 괴롭혀???

*〈정사〉 원소의 두 아들 원담과 원상, 권력 다툼 하다. 원상, 중심도시인 '업'을 차지하고는 형인 원담 몰아낸 후 공격하다.

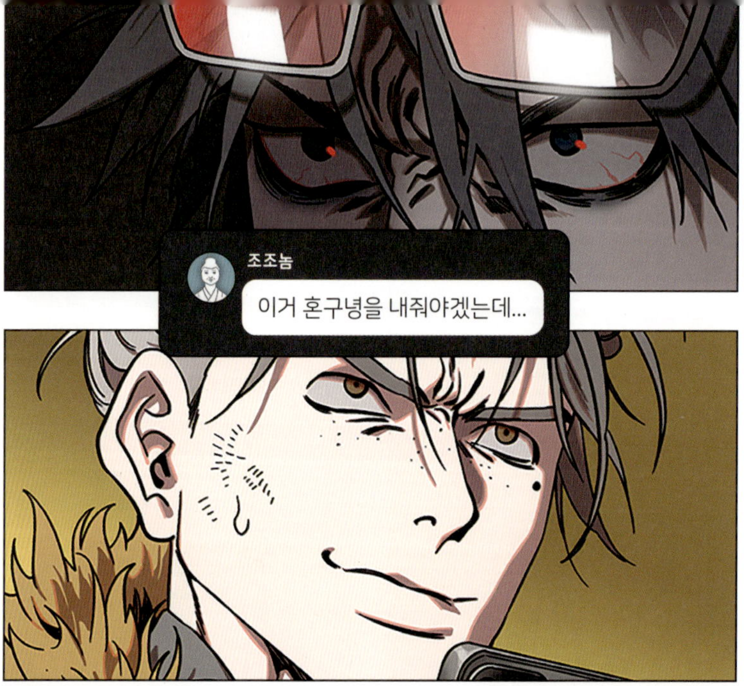
조조놈
이거 혼구녕을 내줘야겠는데...

원본초네 첫째놈
조조
흠,,이런 중요한 약속을 말로만 하면 쓰나
프배 걸어둔 사진은? 조카님 애긴가?
원담이놈
? 예 울 딸램
조조
허허
깜찍일세

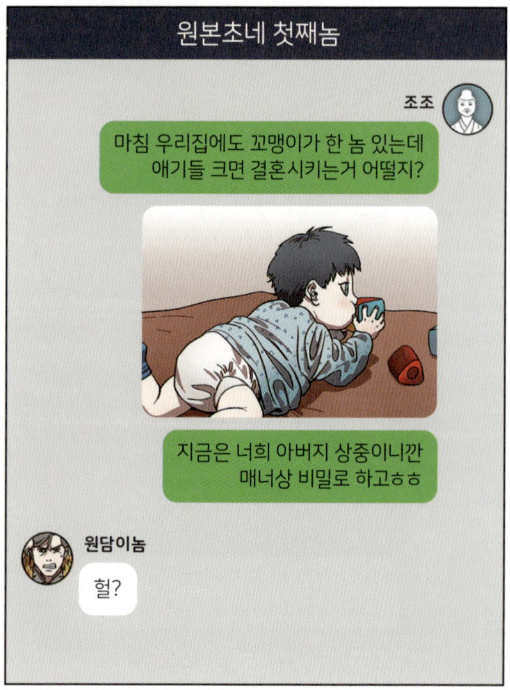
원본초네 첫째놈
조조
마침 우리집에도 꼬맹이가 한 놈 있는데
애기들 크면 결혼시키는거 어떨지?
지금은 너희 아버지 상중이니깐
매너상 비밀로 하고ㅎㅎ
원담이놈
헐?

*〈정사〉 조조, 원담과 손잡고 원상 치고자 하다.

**〈정사〉 조조, 동맹의 증거로 원담의 딸과 자신의 어린 아들 조정을 결혼시키겠다 약속하다.

…원본초.
원본초!

원담이놈

이렇게까지 저 믿어주실줄은 몰랐습니다
감사합니다 숙부님

조조

야 숙부는ㅋㅋ
섭섭하다 걍 아빠라고 불러

나도 너 내 아들루 대할게~ㅠㅠ

이 머저리들이…
정말
네 핏줄이란 말이냐?!
오싹

조조군 전략기획실

조조

선생님들ㅎㅎ 이러이러하게 됐는데.

정욱 선생님

저는 모르겠음.이것이 진정.
적들의 함정이.아닌지?

순유 선생님

ㄴㄴ쟤네 그럴 머리 없습니다
이건 하늘이 주신 기회입니다

당장 기주로 진격하시죠
원담 저놈 정신차리기 전에ㅎㅎ

*〈정사〉 조조의 다른 참모들은 함정일 거라며 반대했으나, 책사 순유는 원담과 손잡을 것을 강력하게 추천하다.

순유 선생님
허나 딱 하나 걸리네..
업 워낙에 큰 도시 아닙니까?
순유 선생님
거기를 무슨 수로 떨군다...?

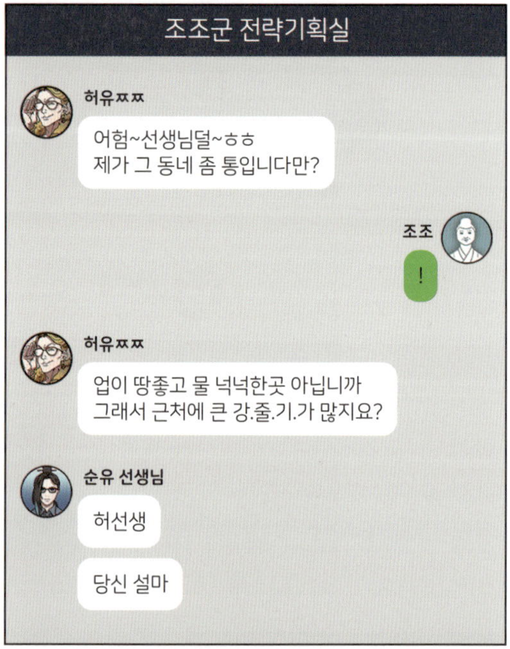
조조군 전략기획실
허유ㅉㅉ
어험~선생님덜~ㅎㅎ
제가 그 동네 좀 통입니다만?
조조
!
허유ㅉㅉ
업이 땅좋고 물 넉넉한곳 아닙니까
그래서 근처에 큰 강.줄.기.가 많지요?
순유 선생님
허선생
당신 설마

허유ㅉㅉ
ㅋㅋㅋㅋㅋㅋㅋ
허유ㅉㅉ
예에~순선생님ㅎㅎ

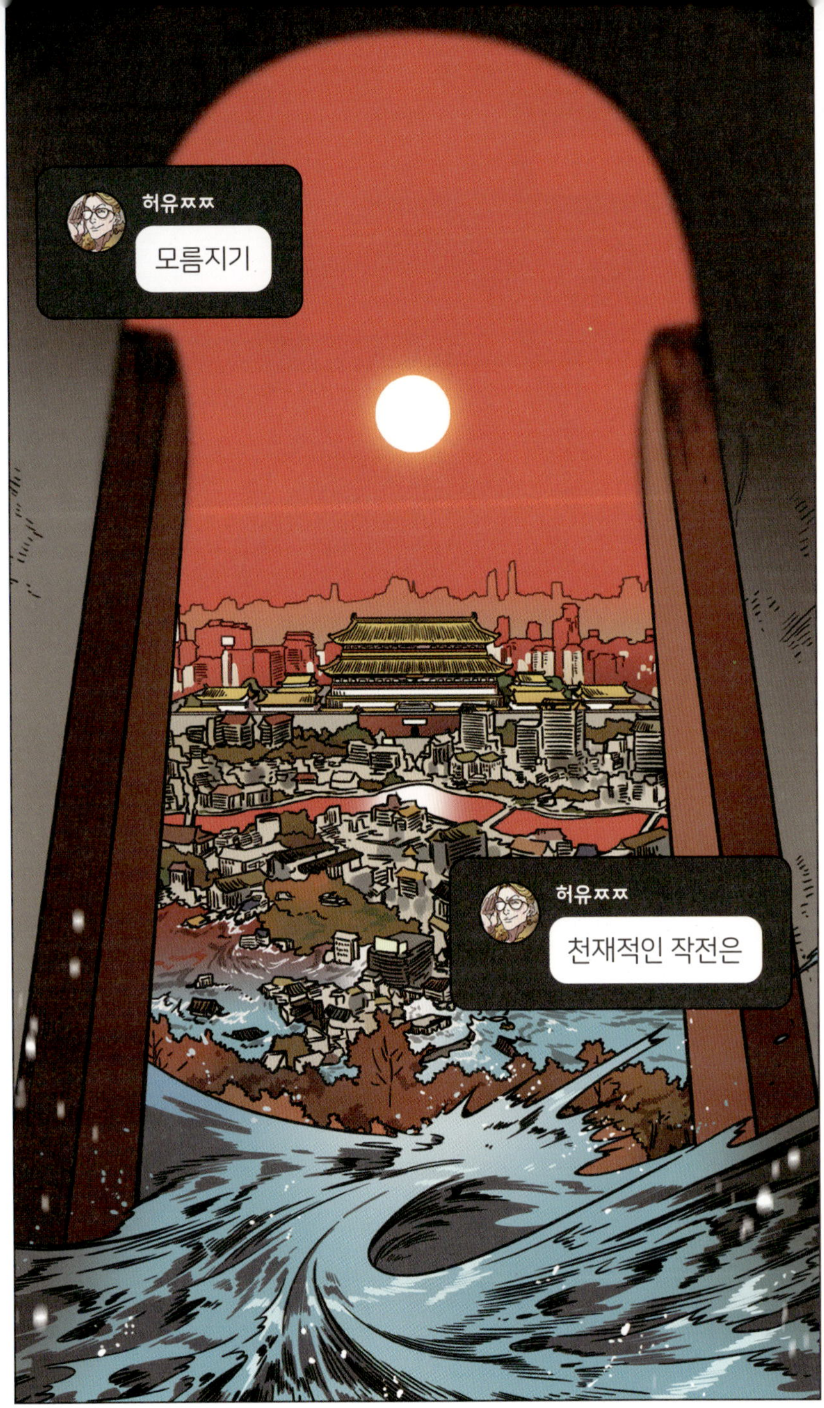
허유ㅉㅉ
모름지기
허유ㅉㅉ
천재적인 작전은

*〈정사〉 순유, 일찍이 강둑 터뜨려 하비를 물바다 만들고 여포 사로잡다.

허유ㅉㅉ
두 번은 써먹으셔야지ㅎㅎ?
아악!!
으악!!
수, 숙부님! 아무리 그래도 너무 심하신 것 아니오?
뭐가~ㅎㅎ?
왜? 설마 조카님 후회해?
아니지?

*〈정사〉 조조, 강둑 터뜨려 업을 물바다로 만들다. 〈연의〉에서는 원소를 배신한 허유가 제안한 것으로 나온다.

에헤이~ '프린스 원소' 자식이
그리 약해서야 쓰나?
원본초!
네가 쌓아올린 것들이
씻겨 내려가는구나…
?!
퉤! 더럽소이다, 큰 도련님!
어디 그 낯짝을 비추시오?!

*〈연의〉 원소 근거지 업, 물이 몇 길(1길은 성인 키)이나 차오르다.
**〈정사〉 업 백성들, 식량마저 잠겨버리니 절반이 굶어죽다.

하필 붙어먹어도
천해빠진 역적 놈과
손을 잡다니…

저, 저자는…?!
휘오오…
스, 승상 어르신!
피하셔야 합니다!
?!
저길 좀 보십쇼!
성에서…
적군들이 몰려나옵니다!
?! 아, 아니!
잘 봐라!
덜덜…
저건 군사들이 아니라…

*〈정사〉 원소 참모 심배, 원담 부하 가족들 80여 명 붙잡다.

二十. 최후의 저항

고, 공격 중지!
공격 중지!
뭣들 하나?!
무기를 내려라!
승상 어르신.
미, 민간인들입니다!
살려주세요
성안에
잡혀 있던…

사, 살려주세요…

밥 좀, 으흑흑…

아이고~ 할머니!
걱정 마요!
우리 승상께서
오셨으니…

이리 줘요.
제가 애기 봐드릴게…

어?
!!!!!!!

철그렁!
스릉

살려주세요
함정이다!!!
우… 우아악!

*〈연의〉 원소 참모 심배, 힘없는 백성들을 눈속임 삼아 먼저 내보내다.
완전 무장한 원소군, 뒤이어 따라나와 조조군을 덮치다.

이런 빌어먹을!
미쳤군, 심배!
한줌 남은 백성들을
미끼로 쓴단 말이냐?!
자격 없는 자가
힘을 손에 넣으면
세상은
어지러워지는 법.
I PRINCE

세상이 어지러워지면,
길가의 잡초도 신음하고
저승의 혼들마저
편히 쉬질 못하는 법!
오직 그분만이
천하의 주인 자리에
어울렸다.

원소… 그자야말로!
이 더러운 난세를 끝장낼
제일 크고 아름다운
그릇이었는데.
네놈들이
산산이 깨버렸구나!
I ♥ PRINCE
어?

*〈정사〉 심배가 원소 큰아들 원담에게 항복하라 요구하며 보낸 편지 中.

끄악!
아악!
컥…
엄마…
저, 저런.
…맛이 갔구나!
?!!!

*〈정사〉 심배, 인질로 잡은 원담 측 포로들을 모조리 죽이다.
**〈연의〉 아이, 노인 가리지 않고 성문 위에서 보란듯이 목을 치니, 죽음당한 이가 80여 명에 이르다.

스, 승상 어르신?!!
자, 장군! 보십쇼!
적들이 물러납니다!
성문 닫히면 끝장입니다!
어서 안으로 진격하셔야…
닥쳐라!
안 보이느냐?!
끼이이이이…
승상께서 다치셨다!

전군!
일단 물러난다!
퇴각하라…

퇴각해!
흥!
모자란 것들.

됐다. 이것들
싹 치워라!
새 어르신껜
내가 연락드릴 테니.
I♥PRINCE

*〈연의〉 조조, 투구에 적이 쏜 화살 날아와 박히다. 정수리에 닿을 뻔했으나 구사일생으로 크게 다치지 않다.

원상 어르신/R.I.P 아버님
심선생님. 어찌 됐습니까
심배/R.I.P 프린스원소
안심하십시오
우리 성문이 열리는 일은 없습니다
조조놈에 맞서 끝까지
이 도시를 지킬 것입니다
심배/R.I.P프린스원소
이 도시가 핏물로 가득 차더라도!
……
심배 조카 심영

二十一. 원소 무덤 앞에서

아, 아냐.
이건 아냐…!!
(알수없음)
저기 당신
우웅-
(알수없음)
조조맞지
(알수없음)
믿든말든 나...심배 조칸ㄴ데
…!!!
(알수없음)
심영/R.I.P 원소 어르신 명복을 빕니다
더는 못ㅅ참겠어
이거는 아니야
진짜눈뜨고 못보겠어

(알수없음)
이런꼴보자고 원ㄴ소어르신 따른줄알아?
(알수없음)
내가 밤에 성문 열어놓을게
(알수없음)
당신...군사들 데리고 들어와
철벅!
철벅!

*〈정사〉 원소 참모 심배, 조조에 맞서 근거지 업성 지키다. 포로들 학살하며 강하게 저항하다.
**〈연의〉 심배 조카 심영, 이에 반감 갖고 조조에게 비밀 편지 보내다.

이 지옥을
제발 좀 끝내줘!
커헉…
민간인은 건드리지 말라!
항복하는 놈들도 살려주고.

*〈연의〉 원소 근거지 업 점령한 조조, 원씨 집안 사람들은 물론 백성들과 항복한 군사들을 죽이지 말라 명하다.

대가리들은?
원가 놈 와이프랑
애들은 어디 있나.
저, 아직…
쯧!
돌아버리겠군…
원씨 집안의 영역은 거대하다.
이곳 기주뿐만 아니라
기주, 업
청주, 유주, 병주…
어디로든 달아날 수 있음이야!
도시를 샅샅이 뒤져라.
원씨들을 찾아!
원소의 집무실 홀

집무실 중앙 복도
하~ 기가 막히네ㅎㅎ
이게 제후 사무실이냐? 황제 궁궐이지.
하여간! 취향하고는ㅉㅉ…
꿀꺽…
아직도 꿈만 같다.
원본초, 내가 네놈을 어떻게 이긴 거지?
내 온 힘 다해 허도를 지었건만
이 화려한 도시와 비교하면… 초라한 구멍가게 같군!

*〈사〉조조, 원소 근거지 업의 규모와 화려함에 놀라다.

어르신! 잡았습니다!

!!!

하하! 아이고~ 이게 뉘신가?
주인 잘못 고른…
멍청한 심선생님 아니오?

참 신기하네.
그러고 싶던가?
원가 이놈 워낙
똥고집이라
아랫것들 말은 귓등으로도
안 들었을 텐데…ㅠㅠㅋ
홱!!
……?!

후후! 닥쳐라.
어서 베어다오.

내 살아서는
원씨의 신하요,
죽어서는 원씨의
귀신일 뿐!

*〈정사〉 원소, 참모들 간언 무시하다. 저수는 조조에게 붙잡혀 죽고 전풍은 쓴소리를 하다가 원소에게 처형당하다.

**〈연의〉 심배, 조조가 뭐라 협박하든 무시하고 북쪽 향해 돌아 앉다.

주군의 무덤 쪽을 바라보며
숨 끊기기를 바라노라!
…이보게들.
내 부탁이 있는데.
가서 기자 놈들 좀 불러와.
최대한 많이ㅎㅎ
인공 눈물

二十二. 통곡하는 조조

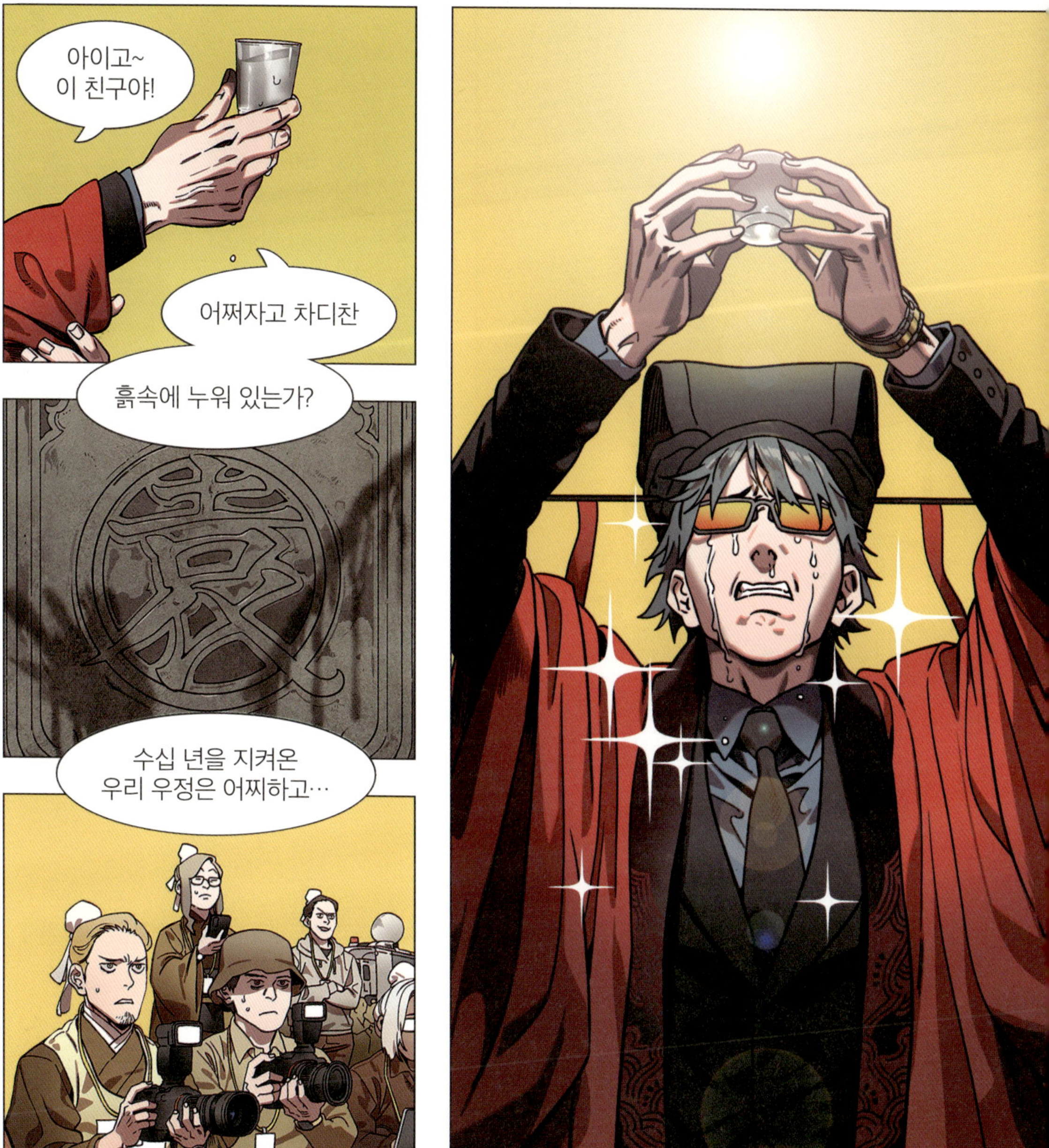
아이고~
이 친구야!
어쩌자고 차디찬
흙속에 누워 있는가?
수십 년을 지켜온
우리 우정은 어찌하고…

뜨흡! 내 친구
원소여어어어어어어!!!
하! 저게 무슨
참신한 어그로래?
울어? 지가 죽인 거나
다름없고만!
에구~ 안 하고 배겨?
눈물의 응꼬 쇼
100번은 해야지.
빠르고 정확한 팩트 뉴스
기주일보
[속보] 조조, 관도대전에서 끝내 이겨...기주땅 차지
[속보] 조조, 파격발표 "기주? 올해 세금 없다!"
기주 사람들
마음 얻으려면…

*〈정사〉 조조, 원소의 묘에서 통곡하고 눈물 흘리다.
**〈정사〉 조조, 점령한 기주 땅 인심 얻기 위해 파격적인 조건 걸다. 세금을 낮추고 백성들을 보호하겠다 약속하다.

암!
뭐가 어려우랴?
이깟 애교 따위.
어차피 승자는
이 조조인데!
흑! 친구야!
기억하느냐?
십상시에, 동탁놈까지!
우리 한몸 되어
적들과 싸운 나날들…
내 너를
잊지 않겠노라…
……
…!!!

…여봐라.
예?
모든 자들을 백 걸음
바깥으로 물려라.
확! 귓구녕 막혔나?
꺼지란 말이다!
왜!
원가 놈이 무덤에서 튀어나와
날 잡아먹기라도 할까, 어?!
…허억,
허억!
흥, 천하의 썩을 놈.
치사하게 병으로 뒈져?

난 영영 네놈을
못 죽여보겠군…
원본초! 넌 거대한 벽이었다.
절대 무너지지 않는… 재수없는 벽.
그래서 너를 뛰어넘고자,
네 크나큰 그림자에서
벗어나고자
자그마치 십수 년을
내 온 힘 다해 발버둥쳤다…

!
허! 그랬더냐ㅎㅎ?
지금의 이 '조조'가 있는 건
망할 네놈의 공이었더냐!
…두렵다.
두렵다, 원본초!

'원소'란 태산이 없는
세상에서도
이 조조가
'조조'일 수 있을까…
…어르신, 송구합니다.
원상은 이미 기주를
벗어났다 합니다.

둘째 원희는 물론이고, 원담 그놈도 지레 겁먹었는지
몰래 북쪽으로 내뺐다는 전갈이…
원담
전화를 받을 수 없어…
흥! 제 아비 얼굴에 먹칠하는 놈들.
한 놈도 놓치지 않겠다. 끝까지 추격하라.
예?
허나 어르신! 북쪽 땅은 거대합니다!
세 놈 다 잡으려면 대체 몇 년이 걸릴지…
상관없다!
이대론 반쪽짜리 승리일 뿐. 땅이든 놈의 핏줄이든
기주, 업
원소가 남긴 유산은… 이제 모두 내 것이 아니더냐?

*〈정사〉 원소 아들들, 모두 조조를 피해 북쪽으로 뿔뿔이 달아나다.

그래, 원본초!
이게 널 추모하는
내 방식이다.
강동, 오
나는 천하를 차지하겠다.
먼저 북쪽 땅부터!
그리고, 그다음엔…
장군!
멈추시오,
제발!
이 어미 말이
들리지 않습니까?!

二十三. 손책, 우길을 죽이다

드넓은 강산을
다스리는 호랑이는
쉽사리 잠들지 못한다.
만물을 지배하는 왕이니만큼,
?!
언제 자리를
뺏길지 모른다는
!!!
두려움에
시달리기 때문이다.

그걸 알았어야 하는데.
오국태
마치 그림자에 놀라 날뛰는 맹수 같구나…
책아.
소패왕이라 칭송받는 네 강인한 마음에도,
강동의 호랑이 손책
공포가 싹틀 수 있음을 내 진작 알았어야 하는데!
백성들이 존경하는 도사 우길于吉

우길!
스스로 죄를
아실 테지.
…아니. 모르오.

그러나 강동 땅을 평정하고
너른 장강을 다스리시는
우리 호랑이 손장군께서
이 힘없는 늙은이를
두려워하심은 알겠구려…
…!!! 닥치시오!

*우길, 유명한 학자이자 정치인이자 도사. 반쯤 전설 속의 인물. 그가 향을 태우고 부적과 약으로 치료하니 백성들, 구름처럼 따르다.

그래! 그 말대로 이 일대는
모두 나, 손책의 영역.
내가 싸워 얻은 땅이고,
내가 만백성의 주인이오!
한데 감히… 속임수로
질서를 어지럽혀?
강동
토박이들
보, 보시오, 손장군님!
그건 생트집이요!
마, 맞소! 지금 도사님 아니라
우리를 돌려 까시는 거지?!
팬질이 뭐가 어때서?
선한 영향력 모르시오, 응?!
오군태수 허공
장군. 이따 사냥 같이 가기로 한 거
미룰랍니다ㅠㅠ몸이 안 좋아서...
오후 손책
어르신. 프사나 바꾸고 거짓말하시오
오늘 우길도사 연탄봉사 겸
팬사인회라던데ㅎ??

*강동 사람들은 물론 손책의 장수들까지 손책을 제쳐두고 우길부터 반기니 손책, 분노하다.「손책전」
**〈정사〉 손책, "내가 우길만 못해서 다들 저자(우길)에게 가는가?"

허허. 어리신 장군께선
아직 다스리는 자가 아닌
싸우는 자의 마음만을
가진 모양이외다…
!!!
…옳다! 책아, 불쾌해도
백성들이 저자를 따르니
민심은 우길에게 있다.
무엇보다 저
강동 사람들 도움 없이
이 강동 땅을 다스릴 순
없음이야…
…어머니! 언제까지요?

저 건방을 언제까지 참아야 합니까?
제 아비 닮아
무식하긴ㅋㅋ
천하를 거머쥐면,
그땐 세상이 절 존경하겠습니까?
아니! 평생 깔보일 테지요.
돌아가신 아버지가 그랬듯이!
오후 손책
선생님. 제가 이 부분이 좀 이해가
안 가는데 설명 좀 부탁합니다
첨부파일 : 춘추.txt(0byte)
고대 선생님
그—ㄹ쎄요
읽어봤는데 저도 잘ㅎㅎ;;;
오후 손책
읽긴 뭘 읽습니까
텅텅 빈 0바이트짜린데
당신 나 군바리라고 무시하나??

…알았소, 어르신들!
다 그만하시오.
벌떡!
여봐라. 도사님을
정중히 풀어드려라…

*〈정사〉 손책, 이름난 유학자 고대를 불러 학문 논하다. 그러나 두려웠던 고대, 손책 기 세워주려 "모른다" 고 답하니 감옥 갇히다. 손책, "나를 멍청한 장수라고 무시하는가?"

와!
우길 풀어줘
와와!…
우길 놔줘
우길
살려주라
우길 사형 반대!!
우길 놔줘!
고대 놔줘

*〈정사〉 수많은 사람들, 누각 아래 가득 메우고 우길 살려달라고 울부짖다. 수 리에 달하는 땅이 사람들로 덮이니 손책, 매우 놀라다.

우길! 우길!
우길!

아이고~
도사님 봐주라!
……

…좋아,
놔드리지.
도사님.
어디, 이 마른 하늘에
비를 내려보시오.

*〈정사〉분노한 손책, 도사 우길에게 명하다.
"그대가 정말 도사라면 마른 하늘에 비를 내려보라!"

아니면 그대 목을 벨 테니.
책!
피 대신 흰 젖을 뿜어보시오!

어서!
해보란 말이다…
우길!
미쳤구나… 미쳤어! 손책!
자존심 때문에 사람을 막 죽여?!
젊은 호랑이가 아니라
피에 굶주린 미친 개였느냐!
오군태수 허공
좆ㅈ조어르신?
저1는 강동사는 허공이라 함ㅂ이다
관도댄전ㄴ승리축햐드립니다

*〈정사〉 손책, 우길과 유학자 고대高岱를 처형하다.

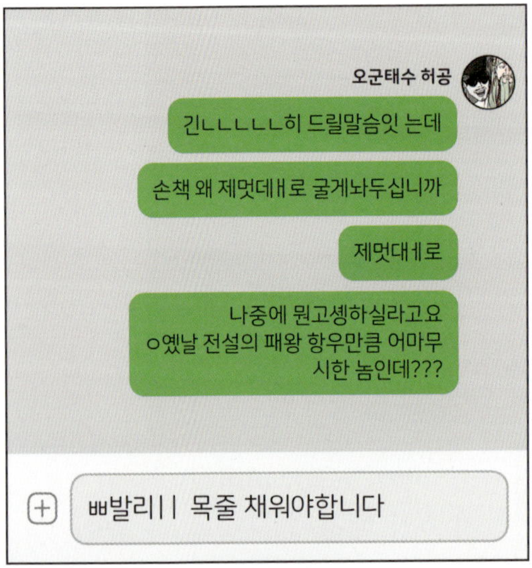
오군태수 허공
긴ㄴㄴㄴㄴㄴ히 드릴말씀잇 는데
손책 왜 제멋데ㅐ로 굴게놔두십니까
제멋대ㅔ로
나중에 뭔고셍하실라고요
ㅇ옜날 전설의 패왕 항우만큼 어마무
시한 놈인데???
ㅃ발리ㅣㅣ 목줄 채워야합니다

"그러니 제발 손책을
허도로 불러
잡아들이십시오."

"안 그리면 장차
세상의 재앙이
될 겁니다…"

*〈정사〉 오군태수 허공, 조조에게 몰래 편지 쓰다. "손책은 용맹하고 항우와도 비슷합니다. 총애를 내리고 귀하게 여기셔야 합니다."

二十四. 엉엉 우는 손권

워! 워워!
장군! 멈추시오!
향우회
태사자
정보
어르신아! 어딜 혼자
쌩하니 내빼는 게야?!
껄껄! 제발 호위 좀
델고 다녀라!
제후란 양반이
조심성 없기는…
…?!!!

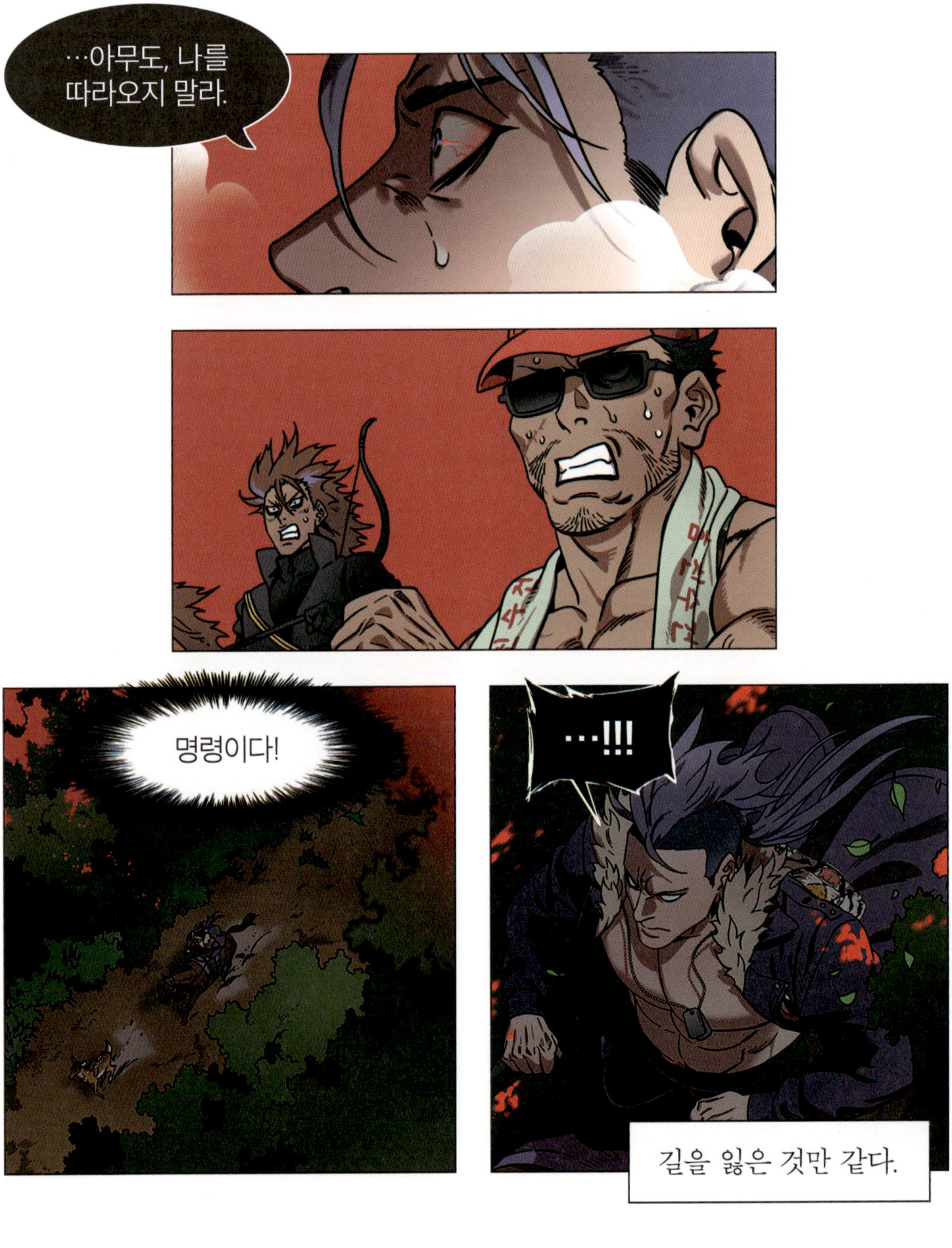
…아무도, 나를
따라오지 말라.
명령이다!
…!!!
길을 잃은 것만 같다.

*〈정사〉 손책, 홀로 사냥하러 깊은 숲으로 들어가다.

하필 이런 때에,
내 벗이자 길잡이인 넌
멀리에도 있구나…
손책 소꿉친구이자
파트너
주유
주유! 내가…
나도 모르는 틈에
괴물이 된 거냐?!

*〈정사〉 이때 주유, 손책과 떨어져 파구 땅에 원정 가 있었다.

?! …웬놈들이냐?
처음 보는 얼굴들인데…
그 옷은 한당군인가?
내 따라오지 말라 했거늘!

*〈정사〉 괴한들, 자신들을 한당(손견, 손책 2대를 모신 원로 장수)의 부하들이라 주장하며 손책에게 접근하다.
**〈정사〉 그러나 손책, 버럭 외치다. "내 한당의 사람들을 모두 알고 있으나, 너희는 모른다!"

으흐흑!
왜냐?
?!!
왜 그랬더냐…
손책!
왜 우리 죄 없는 어르신을
해쳤느냔 말이다…
나…
손책
주유
나는,
이 괴물아아아아아아아!!!!

*〈정사〉 손책이 죽인 허공 측 사람들, 앙심 품고 습격하다.

손책군 주둔지
아가!
마님,
정신 차리시오!
의원! 의원은
어디 있나?!!!
사자야! 국태씨!
이쪽으루…
이 망할 놈덜아!
작작 찍어라!
안전함
도련님, 아니 어르신!
침착하십시오!

*〈정사〉 손책, 만25세 젊은 나이에 갑작스러운 죽음 맞다. 강동 전체가 충격에 빠지다.

**〈정사〉 어린 18세 손권, 하루아침에 형 뒤를 잇게 되다.

맘을 굳게 드세요…
으,
으으…
아아아!
으흐아아아아~!
?! 도, 도련님!
지금 앵앵 우실 때입니까?!
긴급 상황입니다!
이제… 거대한 강동 땅의
주인이 되신 것이에요!

위엄을 보이셔야지요…
개소리 마, 당신!
남의 속도 모르고!

형, 미쳤어?
사람이 왜 이렇게
이기적이야?!
형은 힘도, 카리스마도 있었어.
내겐 없는 걸 형은 다 가졌어…

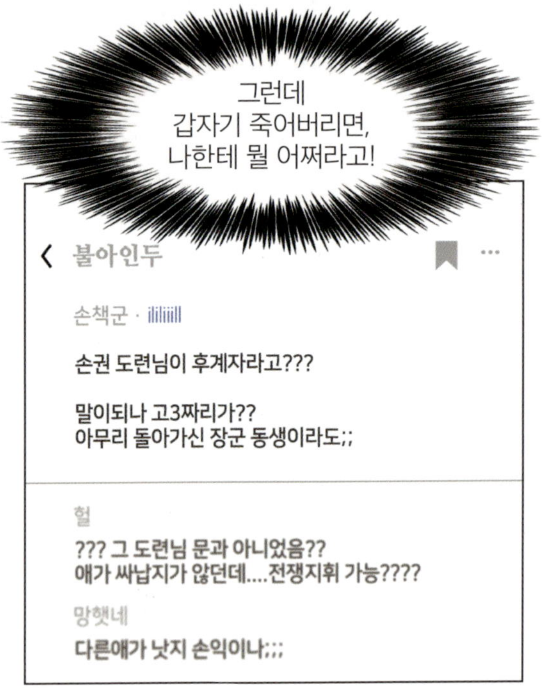

그런데
갑자기 죽어버리면,
나한테 뭘 어쩌라고!
불아인두
손책군
손권 도련님이 후계자라고???
말이되나 고3짜리가??
아무리 돌아가신 장군 동생이라도;;
헐
??? 그 도련님 문과 아니었음??
애가 싸납지가 않던데....전쟁지휘 가능????
망햇네
다른애가 낫지 손익이나;;;

*〈정사〉 장소, "사악한 자들이 서로 싸워대는 난세에 애도만 하는 건 문을 열고 강도를 부르는 꼴이지, 바른 일이 아닙니다!"

**〈정사〉 손책 측 사람들, 손권 자질 의심하다. 심지어 다른 후계자를 세우자며 대놓고 입방아 찧다.

그래도
빼앗기긴 싫다…
생각해라, 생각해!
이제 어쩌면 좋을지를!
아무도…
가족 잃고 슬피 우는
어린애는 못 건든다!
생각해…
차 륵!

二十五. 싸움은 적벽에서

*〈정사〉 주유, 손책이 죽자 군사 이끌고 문상하러 오다.

…주유! 지금 가장 반가운 사람이자
가장 두려운 사람.
내 형제, 손책과 함께 강동을 정복한…
내 모든 걸 빼앗을 자격이 있는 유일한 자!
仲
겁먹지 마라, 권아.
나는 그저 네 형의 마지막 길을 배웅하러 왔을 뿐이니.

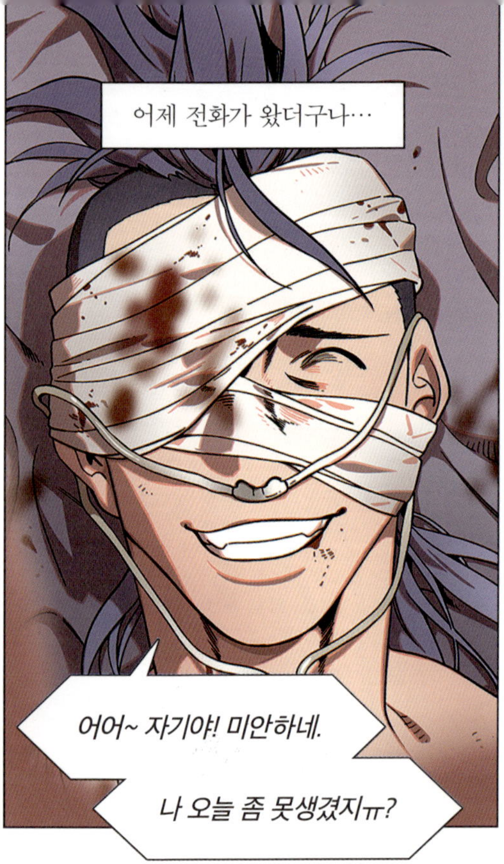
어제 전화가 왔더구나…
어어~ 자기야! 미안하네.
나 오늘 좀 못생겼지ㅠ?

주유, 널 볼 면목이 없다…
내가 멍청한 짓을 했어.

싸우는 건 내가
열 배 백 배 잘해도,
내 동생 놈이 나보다
천배 만배는 똑똑했던 거지…

*〈정사〉 손책, 습격당해 얼굴에도 큰 상처 입다. 거울 보며 한탄하다. "내 얼굴이 이래서야 어찌 다시 큰 일을 하겠는가?"

**〈연의〉 손책, 손권에게 뒷일 부탁하다. "내가 싸우기는 잘하나, 강동 땅을 지킴은 너보다 못하다. 너는 사람들 마음을 헤아려 다스릴 줄 안다!"

주유! 부탁이다.
제발 울 가족들을…
특히 권이,
걔를 좀 도와줘!
어, 어려울 때 걔가… 내가,
너 말고
누굴 믿겠냐?

미, 미안하다,
주유…
이런 건 얼굴 보고
부탁해야 하는데…
삐
?! 자, 장군님!
…어르신.

*〈연의〉 손책, 숨 거두며 한탄하다. "주유가 이 자리에 없어 직접 당부하지 못하는 것이 한이로구나!"

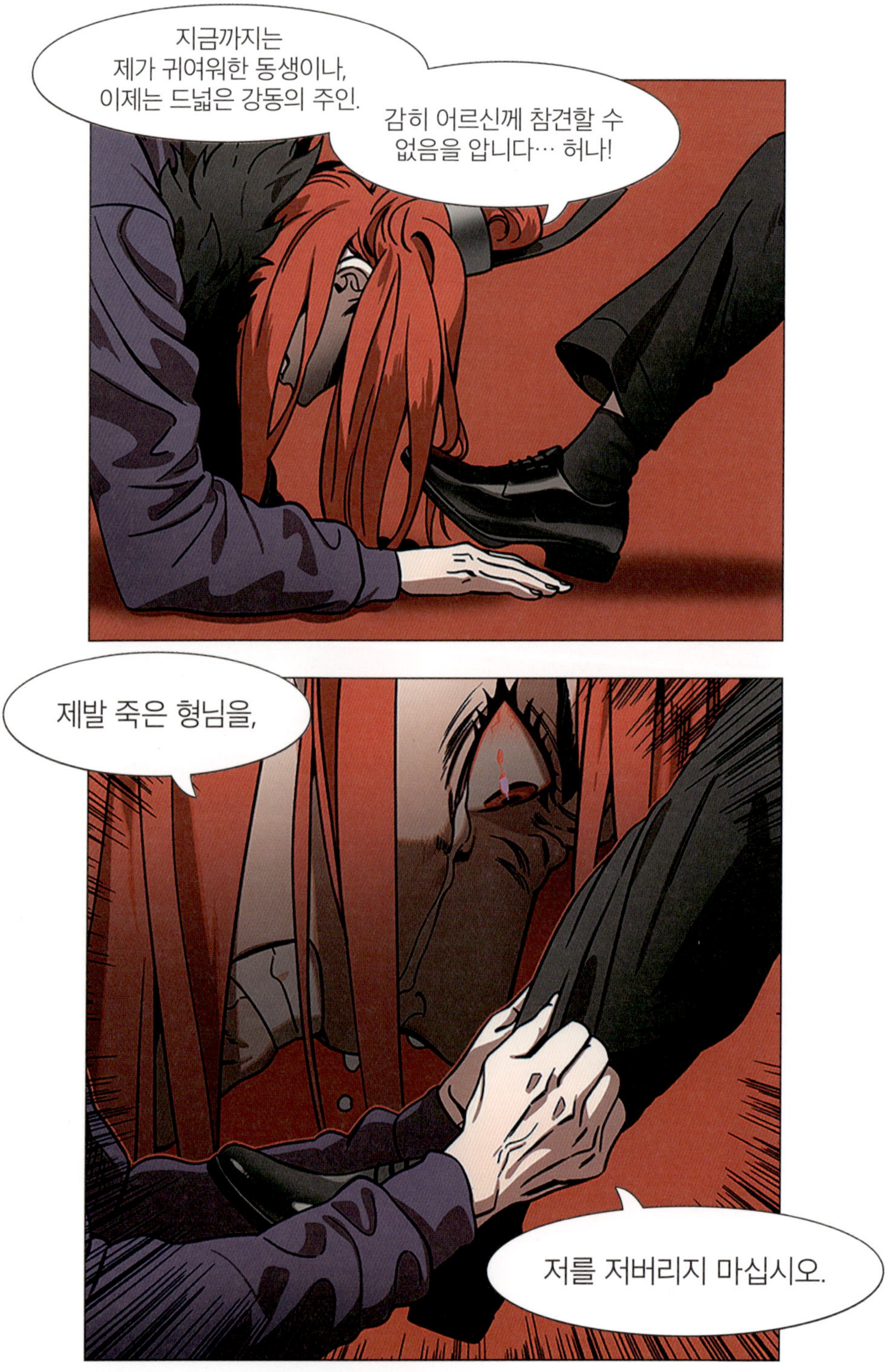
지금까지는 제가 귀여워한 동생이나, 이제는 드넓은 강동의 주인.
감히 어르신께 참견할 수 없음을 압니다… 허나!
제발 죽은 형님을,
저를 저버리지 마십시오.

저희의 못다 한 꿈을
이루어주십시오!
이 강동 땅을 지키고,
장강을 건너 천하를 쥐겠단 꿈을!
함께 꿈을 꾸어주신다면,
이 주유…
간과 뇌수를
땅에 뿌릴 각오로

어르신을 위해 싸우겠나이다!
강동군 총사령관
중호군 주유

…그래. 뜻밖에 관도에서
조조가 승리할 줄이야.
예, 어르신.
지금이야 북쪽 땅에
정신 팔려 있습니다만…

곧 이 장강을 건너와
저희를 칠 테지요.
누가 막겠습니까요?
여기만 먹으면
천하제패가 코앞인데!

*〈정사〉 손권, 주유를 곁에 두고 중요한 일을 의논하다.

**〈정사〉 조조, 하북으로 뿔뿔이 도망친 원소 아들들 잡으러 쫓아가다.

어마어마한 공격이
될 겁니다…
그래, 나라도 눈 돌아갈 터.
원소 세력까지 흡수한 이상
우리만으론 상대가 안 돼!
조조가 장강을 건너는 날이,
우리 최후의 날이 될 것인가…
?! 잠깐. 저긴
이름이 무엇인가?
저 강 입구를
바라보는 낭떠러지.
아, 저거요? 유명합죠!
배들이 지나가는 길목인데…
물살이 워낙 굽이쳐
그간 선박과 사람 여럿
잡아먹은지라.

붉은 절벽… 적벽!
수전 경험이 없는 조조지만,
대군을 움직일 땐 땅보단
물이 훨씬 수월하다.
장판
오림
적벽
손권 주둔지
적들은 반드시
강을 타고 올 터…
조조, 네놈과는
적벽에서 만나겠군!
그래서 그런지,
거 소름끼치게도
바위 절벽이 늘 피처럼
붉은빛을 띠니…
다들 적벽赤壁이라 부르며
두려워합니다요!!
손책,
아직… 내 곁을 떠나지
않았음을 안다.

둥
지켜봐다오…
둥
둥
둥
조조는 절대로
이 땅을 갖지 못한다.

내가 막으리라.
저 거대한 장강 물을
모조리 끓여서라도!
와룡로
똑
똑
똑
음?

손님이신가ㅎㅎ?

기주 북쪽,
남피 땅 외곽
다그닥
다그닥
헉!
허억…
袁

빌어먹을…
故원소 큰아들
원담 字 현사
이건 꿈이야…
어쩌다 이 꼴이 됐단 말이냐?
프린스 원소의 후계자인 내가 왜!
빠른 소식 바른 기사
허도데일리
[속보] 원담, 조조에게 처참한 패배
조조와 손잡았으나 몰래 도망쳐…
뒤통수 치려다 "결국 실패"

*〈정사〉 조조, 라이벌 원소를 쓰러뜨린 후 원담마저 무너뜨리다.

과, 곽선생…
와아아아악!!
군사도, 내 사람도
모두 잃었다.

찬란한 원씨 집안의 영광이
이렇게 끝나버리는가…

…!!! 아, 아니야!
제가 누굽니까? 아버님!

*〈연의〉 원담의 책사 곽도, 해자(방어를 위해 성을 빙 둘러 깊게 판 구덩이)에 말과 함께 떨어져 죽다.

원소 막내아들
원상
아직 동생들이 살아 있습니다.
아버님의 대군을 거느리고요.
그리고, 난 당신의 첫째 아들!
모두가 내게 무릎 꿇겠지?!
날 따르겠지!
크하핫! 조조, 넌 죽은 목숨이다!
프린스 원소의 찬란한 영광을,
퍽

되찾…으리라…
어휴~! 멍충아.
뛰어봤자 벼룩이지~!
네깟 게 무슨 수로
우리 브라더 손바닥을
벗어나니ㅠㅠㅋ?

아비고 아들이고
머저리 같으니.
조조 친척동생
조홍 字 자렴
자기들~ 뭐하니?
쿨링박스 가져와!
얘 모가지 허도… 아니,
업으로 보내게♥
우리 이사했지 참!
까르륵~ 우리 어르신,
간만에 어깨춤 좀 추겠네~?

*〈연의〉 조조의 심복 조홍, 직접 원담을 죽이다. 목을 베어 업(원소에게서 빼앗은 조조의 새 근거지)으로 보내다.

밥도 답도 없는 땅에서
고생 고생
개고생중인데~ㅠㅠ
메에~
춥고 메마른 가혹한 땅
유주 서무산 기슭,
조조군 주둔지

푸하하하핫!
잘했다, 조홍!

짜식, 간만에 밥맛 도는
뉴스를 들려주는군!
먹을 쌀 한 톨 없다마는ㅋㅋ

*〈정사〉 조조, 식량과 갑옷마저 길에 버려가며 북쪽으로 달아난 원희와 원상을 미친듯이 쫓아가다.

曹
여봐라! 업에 즉시 파발을 보내라.
절대 원담의 목을 두고 울지도,
시신을 거두어 장례를 치르지도 말라고!
원소의 아들들은 영원히 구천을 떠돌리라…
원본초, 저승에서 보고 있느냐? 이제 두 놈 남았다!
나의 승리가 코앞에 있음이야…
빌어먹을! 곽가는 왜 또 안 보이나?
책사란 놈이 허구한 날 늦잠일세!

*〈정사〉 조조, 신신당부하다. "원소 피붙이들의 죽음을 슬퍼했다가는 일족을 모조리 사형에 처하리라!"

콱! 얀마, 곽선생아.
퍼뜩 일어나라!
주인다
방해금지
천재곽-갓-

너 좋아하는
전쟁하러 가자…

二十七. 노룡의 오래된 길

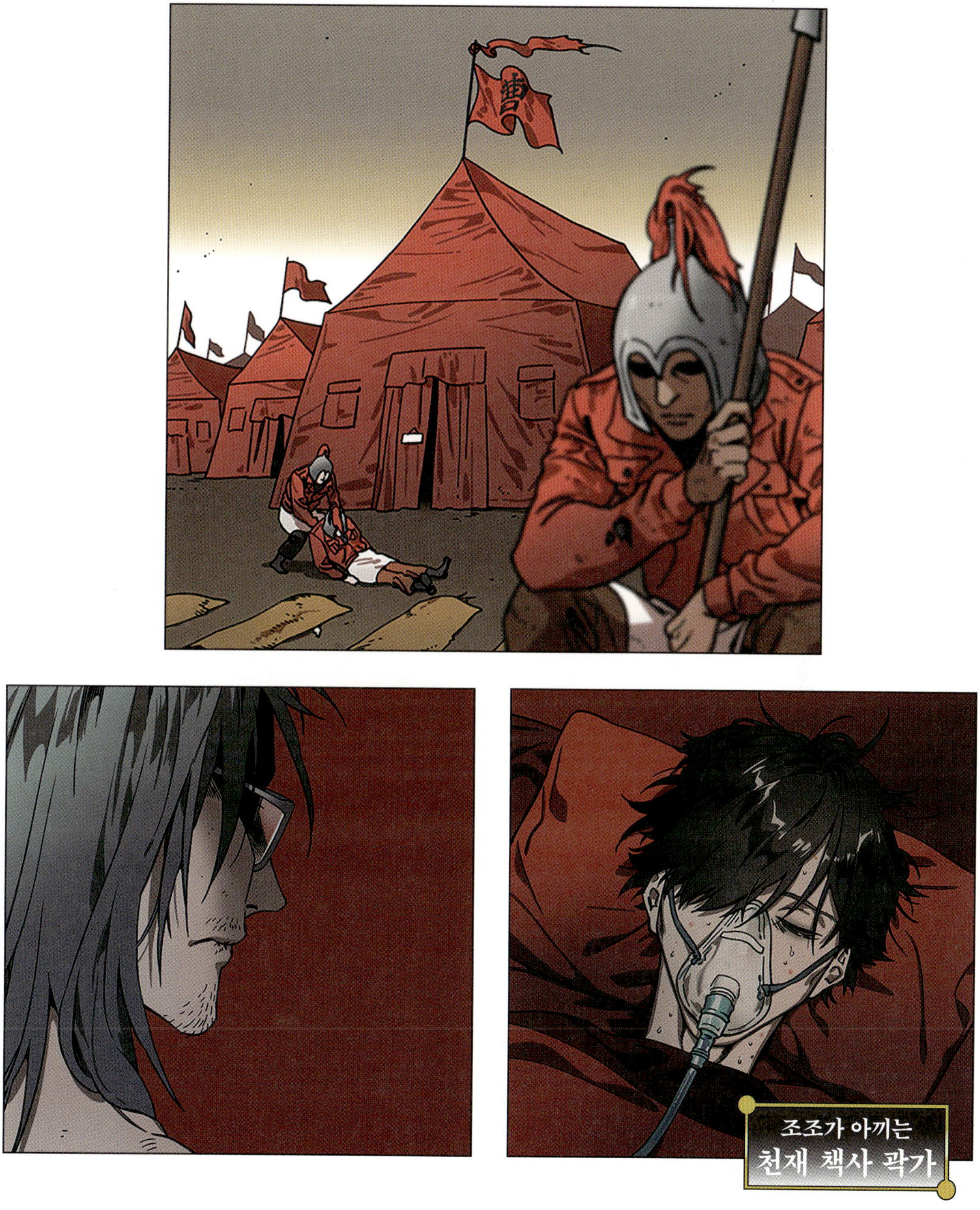
조조가 아끼는
천재 책사 곽가

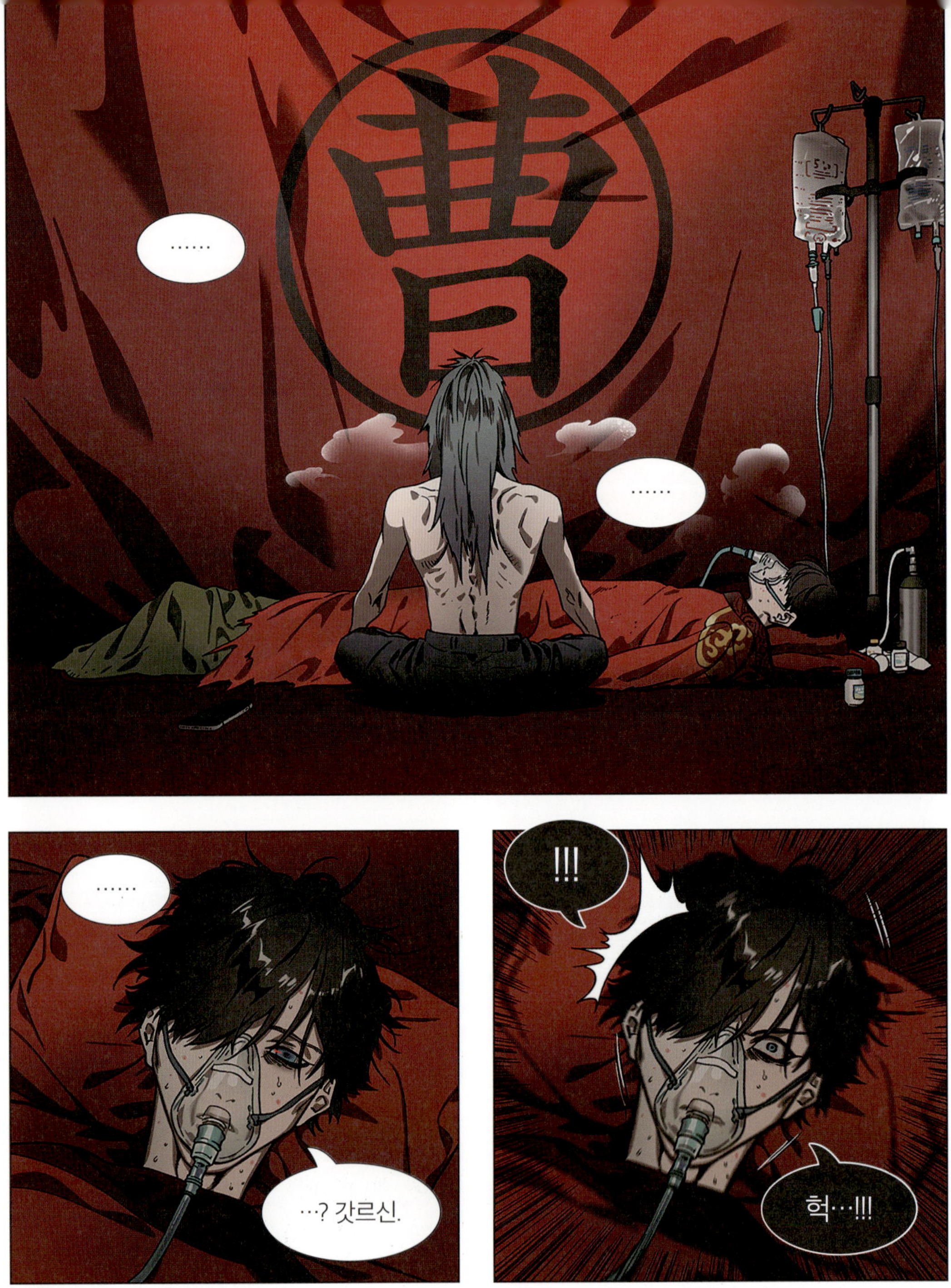
曹
……
……
……
…? 갓르신.
!!!
헉…!!!

*〈정사〉 조조가 아끼는 책사 곽가, 전쟁터에서 병에 걸리다. 곽가, 매우 쇠약해서 일어날 줄을 모르다.

벌떡
가, 갓르신!
오, 늘이 몇월 며칠…
쿵!
오냐, 대구리 박고
반성해라.
책사란 놈이 전쟁중에
일주일을 뒤통수 대고
편히 누워 자?
마저 자라! 일어나봤자
할일도 없으니.
네놈 뻗은 사이에
첩보가 들어왔는데
…오환이 원상과
원희를 끌어안았다.

하!
일 더럽게 됐구먼…
'오환烏桓'.
거친 북쪽 땅의 지배자들.
무시무시한 기병을 자랑해
북방의 귀신, 공손찬마저
쩔쩔매던 전사들이다.
날고 기던 원소놈도
싸움보다
화해를 택했건만…
조조를 죽이자!

우리의 동맹, 원씨 집안에
다시 한번 영광을!

또 하늘이
나를 저버리는구나!
곽가! 네놈이 나를
이 죽음의 땅으로
끌고 왔잖느냐.

*〈정사〉 故원소, 오환과 동맹 맺다. 그 인연으로 원소 아들 원상과 원희, 오환의 수장인 답돈과 손잡고 함께 조조를 물리치기로 하다.

**〈정사〉 곽가, 모두가 반대했으나 혼자 북방 정벌 밀어붙이다.

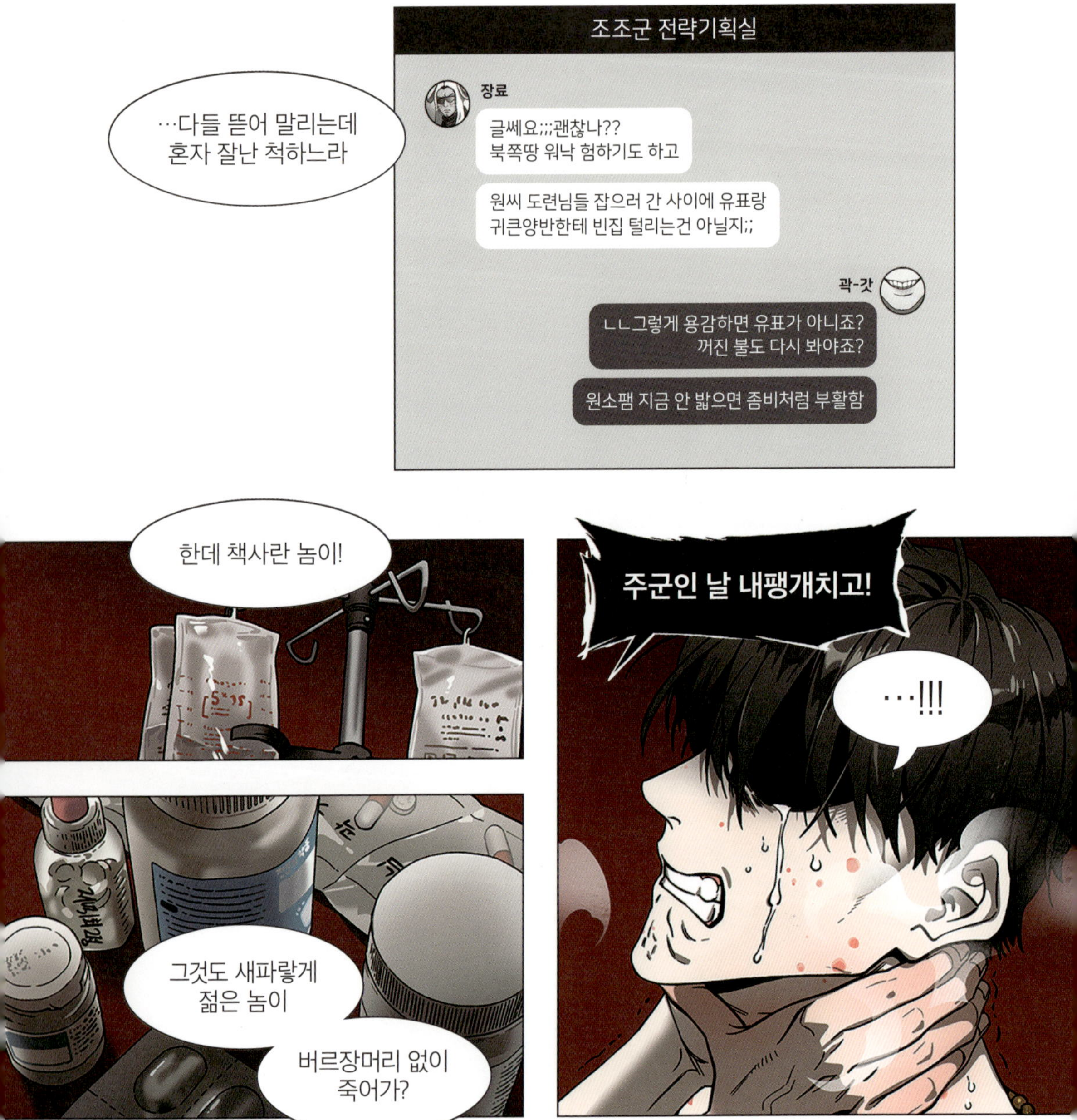
…다들 뜯어 말리는데
혼자 잘난 척하느라
조조군 전략기획실
장료
글쎄요;;;괜찮나??
북쪽땅 워낙 험하기도 하고
원씨 도련님들 잡으러 간 사이에 유표랑
귀큰양반한테 빈집 털리는건 아닐지;;
곽-갓
ㄴㄴ그렇게 용감하면 유표가 아니죠?
꺼진 불도 다시 봐야죠?
원소팸 지금 안 밟으면 좀비처럼 부활함
한데 책사란 놈이!
그것도 새파랗게
젊은 놈이
버르장머리 없이
죽어가?
주군인 날 내팽개치고!
…!!!

*〈정사〉 곽가, 자신하다. "유표는 유비를 거느렸지만 질투하니 싸우게 해줄 리가 없습니다."

스, 승상 어르신!
큰일났습니다!
어어! 마침 잘 왔다.
이 썩을 놈 끌고 가서
모가지 똑 떼줘라!
빨랑! 골골대다
뒈져버리기 전에…
무, 무슨 말씀이신지…
여튼 나와보셔야겠습니다!
엉?!
웬 미친 자가 어르신을
뵙게 해달라는데
자기가 승리의 열쇠를
쥐고 있다 합니다!
내가
길안내를
하리다.

아실 텐데. 오환의 강점은 기병뿐만이 아니오.
수수께끼의 인물
전주 字 자태
놈들의 근거지인 유성柳城은 천혜의 요새지.
험한 산맥이 성벽처럼 도시를 겹겹 둘러싸고 있으니까.
전쟁터를 집으로 아는 '조조'라 한들…
놈들에겐 손가락 하나 댈 수가 없어!
네놈이…!
그러니 날 따라오시오.

오환의 심장에
칼을 꽂을
단 하나뿐인
지름길을 원한다면…
산짐승과 새들만 아는
노룡고도盧龍古道
(노룡에 있는 오래된 길)

하… 기가 막하네!
이게 꿈인지 생신지…

*〈정사〉 조조, 전주를 따라 200년이나 숨겨져 있던 옛길로 행군하다. 오환군이 눈치채지 못하게 조용히 접근하다.

당신 대체 뭐요?
천사야 귀신이야?
…승상께선 공손찬을
기억하시오?
!

허, 공손찬?
기억하고말고!
어찌 잊겠소?
다각…
다각…
눈보라 일으키며 달리던
백마장군을…
하! 백마장군은 무슨.
놈은 괴물이오.
유주목 유우
내가 …어버이처럼
따르던 분을
끔찍하게 살해한!

나는 10여 년 전에 억울하게 돌아가신
유우 어르신의 사람이외다.
故유우를 따르던 전주 字 자태
?! 그 양반의 측근은 다 죽었다 들었는데?!
젊은 전주
맞소. 공손찬은 지독한 놈이거든.
부끄럽게도 나만 살아남았지…

*〈정사〉 공손찬, 전주도 죽이려 했으나 백성들 반발 심해 그만두다.

우리 마을이 마침 이 근처요.
그래서 승상을 만나러 간 것이고.
허… 그럼 더더욱
이해가 안 되는군.
왜 날 돕는 거요?
나 오환 놈들 줘패러
가는 거 아시잖아?
돌아가신 유주목께선
오환과 부쩍 친했다 들었는데?
[속보] 유주목 유우, SNS에 오환과♥친목♥인증
유우 "함께 화합의 길로 나아가자"
공손찬, 불만 표시 "쓸데없는 짓"
…내 개인적인 원한이오.
그분께서도 어찌하지 못한…
전선생!
마음 다잡게.
분명 오환과 우리가
함께 살 길이 있을 게야…
으하하하!
그래서 복수의 도구로
이 조조를 고르셨다?

*〈정사〉 전주, 주군을 구하지 못한 울분에 산속에 숨다. 마음으로 존경하던 백성들, 5천여 가구나 따라가니 큰 마을을 이루다. 「전주전」

**〈정사〉 오환, 전주의 고향을 습격해 관리들 살해하다. 전주, 그 일에 휘말려 오환에 큰 원한을 품다.

이토록
완벽한 타이밍에!
?!
선생! 내 절 받으시오.
벽에 가로막힌 날 구하셨소.
조조
폐하. 전주를 제후로 봉하겠습니다
제가 돌아갈때까지 임명장에
도장 찍어두시지요
황제. 유협
..알겠소
조조
황은이 망극하옵니다ㅎㅎ
내가 천하를 얻는다면
다 우리 전선생 덕이외다!
하늘은 내 편이군 그래…
아, 아니야!
하늘의 이치가
승상의 야망 따위와
무슨 상관이란 말이오?!

못난 내가, 멋대로
저지른 일일 뿐이야…
승상 어르신!
적들의 둥지가 보입니다!
오환의 중심지
요새 도시 유성
쯧쯧! 우리 선생께선
내 부하노릇 하긴
글렀군.
쳐라!!!
이제야 알겠다.

*〈정사〉 전주, 조조가 내린 벼슬 한사코 거절하다. “사사로운 원한 때문에 벌인 일일 뿐(조조를 도왔을 뿐), 제가 뜻한 바가 아닙니다!”
**〈정사〉 조조, “전주는 내가 부리기엔 마땅하지 않은 사람이다.” 그러나 전주가 죽을 때까지 귀하게 여기다.

하늘은
언제나 내 편이었다.
왜 하늘은… 무엇 하나
성공하게 해주질 않나?
날 강하게 키우고자
시험했을 뿐,
하늘은 내게
천하를 쥐여주기 위해
원소 아들
원희, 원상
답돈

*〈정사〉 조조, 허를 찔러 공격하다. 장료, 오환 수장 답돈을 베다.

모든 걸
준비하고 있었다!

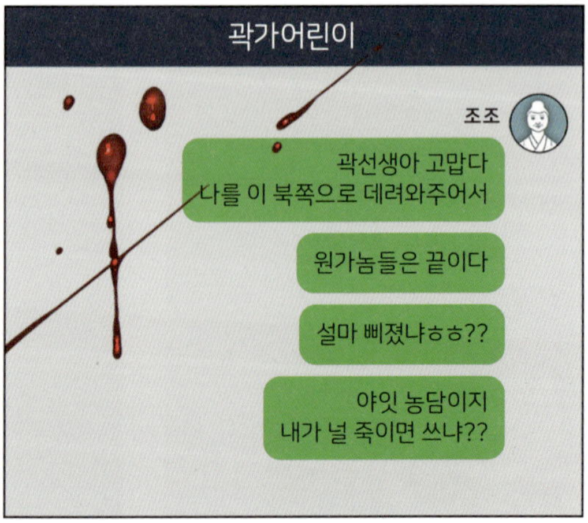
곽가어린이
조조
곽선생아 고맙다
나를 이 북쪽으로 데려와주어서
원가놈들은 끝이다
설마 삐졌냐ㅎㅎ??
야잇 농담이지
내가 널 죽이면 쓰냐??

갓르신
니맴이 곧 내맴인데ㅎㅎ
씨익

*〈연의〉 조조, 병든 곽가를 안전한 곳에 두어 몸조리하도록 하다.

됐고! 푹 쉬기나 해라.
북쪽을 먹었으니 이제,

난 남쪽으로 가련다!
마, 마, 맙소사!
요 역적 놈이 기어이
일을 쳤구먼?!
故손견 조카,
故손책 사촌
손권 사촌형
손보

조조… 뻔할 뻔자다.
이제 남쪽으로 내려오겠지?

형주 찍고
여기 강동 땅까지.

*〈정사〉 조조, 북방 정벌 성공으로 20만 오환군 손에 넣어 세력 더욱 키우다. 원상과 원희, 요동으로 도망치다.

책이놈이 살아 있었음
문제없지만.
꿀꺽
지, 지금
우리의 주인은…
…그, 그래! 이게 맞아.
이게 우리 모두가 사는 길이야!
(친구아님)조조님을 초대하셨소!
교주자사 손보
조조 어르신 맞으신가??
나 강동주인 손권 사촌형인데
몰래 성문 열어줄테니깐 오쇼
주인으로 모실테니 우리좀 잘봐줘;;
애송이 손권 따윈,
조조의 상대가 되질 못해…
승상께서 애송이 손권을 대신해
이 강동땅을 지켜주시오ㅗㅗㅗ
퍽
?! 끄으,
으으으아…

아아아아아악!!!
저벅
저벅
설마설마 했는데,
실망이 커요.
행복이 지겹죠?
형.

二十九. 능통의 눈물

뭐… 예.
우리가 친형제가 아니긴 하죠.
그래도 엄연히 한 핏줄인데 이 따위로 내 뒤통수를 갈겨?
아쉬워요.
故손책 동생 강동의 새로운 지배자 손권 字 중모
아버지도 책이형도 죽고 없는 마당에

내 손으로 우리 가족
머릿수를 줄이게 되다니.
제, 제발!
살려줘!
내 말 좀 들어봐!
몰래 성문 열어줄테니깐 오소
주인으로 모실테니 우리좀 잘봐줘;;
승상께서 애송이 손권을 대신해
이 강동땅을 지켜주시오ㅗㅗㅗㅗㅗㅗㅗ
난 이게
우, 우리 집안을 위한
길이라 생각해서…
내 말이!
조조놈이 굶주린 짐승처럼
북방 4주를 처먹고
그걸로도 모자라
우리 강동 땅을 노리는데,

가족인 날 돕진 못할망정
등에 칼을 꽂아?
죽이진 않겠어.
죽은 사람보다
비참하게 살게 해주지.
노숙 선생님
오후 손권
순식간에 진압했습니다 별거없군
노숙
고생많으셨습니다.
오후 손권
ㅋㅋ껌이지
우리 강동 사람들 다 내 얼굴만 보면
벌벌 떨잖습니까 무서워서
노숙
오후 손권
선생도 날 보면 두렵습니까?
…?
지혜로운 고문
노숙 字 자경
네?

*〈정사〉 손권, 손보의 측근들 남김없이 죽여버리다. 손보를 멀리 가두고 거느린 군사들 빼앗다.

오후 손권
아버지 손견이 시작하고
어머니 오국태가 지키고
형 손책과 주유가 쌓아올린 업적을
저 애송이 손권이 다 망칠까봐
오후 손권
모든 꿈이 허사가 될까 겁나
미치겠느냐 이 말입니다

오후 손권
내가 그리 모자랍니까?
……

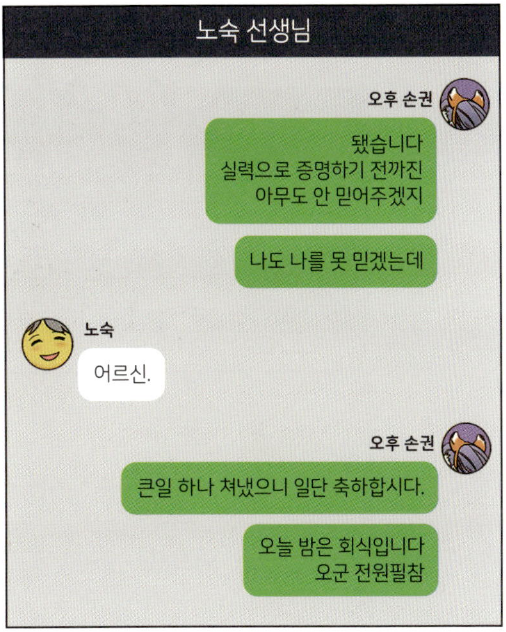
노숙 선생님
오후 손권
됐습니다
실력으로 증명하기 전까진
아무도 안 믿어주겠지
나도 나를 못 믿겠는데
노숙
어르신.
오후 손권
큰일 하나 쳐냈으니 일단 축하합시다.
오늘 밤은 회식입니다
오군 전원필참

*〈정사〉 너무나 젊은 손권의 자질을 의심해 무수한 반란이 일어나다. 손권, 안팎의 적들에게 시달리다.

오후 손권
취해서 내장 토할때까지
아무도 집에 못가
모두 아낌없이 들라! 영웅들을 위한 술이 차고 넘친다.
~회식의 황제 손권 字 원샷~
와하하하
승전축하
피로 맺어진 사이만큼 끈끈한 게 '이슬'로 맺어진 사이 아니겠나?!
노숙
어르신. 기쁘셔도 좀 자제하심이
어르신..
뭐, 조조놈이 강동을 노려? 어쩌라고!

*〈정사〉 손권, 술을 매우 즐겼다고.

우리 전사 한 명은
조조의 병졸 백 명만큼
용맹하건만.
나는 그 사실을 한 번도
의심한 적이 없다.
옳소!
그러니 그대들도
날 의심하지 말라!
어, 어르신…
암!
새파랗게 젊어도
우리 어르신은
호랑이거든~♥

조조는 고 작은 배때지에
욕심만 가득한
쥐새끼일 뿐이고♥
은퇴한 수적 두목
장강의 악마
동오군 수군 지휘관
감녕 字 흥패
가, 감녕?!
저 악마가 왜 여길?!!
흥! 왜긴?
난세에 갓 데뷔한
저 애송이께서,
감히 이 감녕을 매혹했거든♥
(친구아님)주유님께서 감녕, 여몽님을 초대하셨소!
친구사이가 아니니 사기, 스팸, 보이스피싱에 유의 바라오.
감녕
뭔데 자기들.
죽고싶어?
주유
살고싶군.
실례지만 백수가 되셨다 들었는데.
우리에게 오시는건 어떨지?
마침 수군지휘관 자리가 비는데
여몽/나보면공부하라고해주라꼭이야
ㅇㅇㅋ

*〈정사〉 악명 높은 수적단 두목 감녕, 원래 손권의 적.
**〈정사〉 주유와 여몽, 감녕을 손권에게 추천하다.

유표, 그 멍청이와 달리
난 값진 걸 알아보는
눈이 있지.
씨익
…적들이 강을 따라 펼친
방어선이 골치였는데,
감녕이 이끄는 수군의
활약이 컸다.
내 술을 받도록…

뭐, 뭐하는
짓이냐?
통아!
손권의 어린 장수
능통 字 공적
(18세)
그 칼 안 거둬?
얼른 이 자식 끌어내!!
애기야. 설마,
그 스카프는…?
…!!!

오냐. 기억하느냐,
짐승아?
위대한 장수였던…
故손책의 장수
능통 아빠 능조

내 아버님,
능조의 유품이다!

*〈정사〉 능통, 감녕이 아버지 능조를 죽였으므로 원망하는 마음 갖다.

감녕, 네 목을
아버님 무덤에 바칠 테다!
그만!
정줄 안 잡냐.
어?!
어르신! 어떻게
이러실 수 있습니까?
제 마음을 지옥으로
만들려고 하십니까!
놓으시오…

능통! 감히 주군인
내 앞에서 칼을 뺐으니
목이 잘리는 건 너다.
비록 우리가 형제처럼
같이 자랐지만!
혈육들의 피도
손에 묻힌 참에
너 하나쯤 더 죽이고
괴물 되는 건
식은 죽 먹기란 말이다!
능조삼촌
ㅏㅑㅣ로ㅓㅏㅓㅣㅇ이ㅓㅗ허.,
손권
안녕 통아ㅎㅎ
어, 어르신…
조조놈과
싸워보기도 전에,
내가 널 잃어야겠냐?
통아?

사과해라.
나를 위해서.
너와 감녕,
둘 다 내게 필요하다!
용서하시오,
감장군.
…!!!
어이구야~ㅎㅎ;;♥

*〈정사〉 손권, 능통에게 한을 품지 말라 타이르다.

무서워라~♥
칼침 맞기 싫으면
저 꼬맹이 열심히
피해 다녀야겠네~?
씨익!
근데 제 모가지야
둘째치구.
우리 어르신께선
…셀프목숨 어떻게
지키시려구?
내 목숨이라…
조조놈은 거대했던 원소 세력을
싹 잡아먹었다. 오환도 무릎 꿇렸고.
형주 유표와 화해란
있을수 없는데
청주 해적들마저
조조한테 붙었단 소문이 돈다…

*〈정사〉 감녕, 능통을 피해 다니다. 손권, 둘을 다른 지역에 갈라놓다.

흥! 왕따네.
하늘 아래 우리만 왕따야!
왕재수~ 조조 그걸 콱!
대체, 누구 손을 잡아야 하지?
도대체 어디에 사는
누구의 손을!
천하가 이토록 드넓건만, 눈 씻고 찾아도 있을 리 없다…

*〈정사〉 감녕, 조조 욕하다. "나라는 시들어가고 조조는 욕심이 많으니, 그 역적 놈은 황제 자리마저 노릴 겁니다."

나와 함께 조조에 맞설
멍청이는!
와씨~
눈물나네!
봐봐! 내 조카
잘생긴 거!
짜식,
커서 여러 사람
울리겠구먼?!
여보야~! 좀 말려봐요ㅋㅋ
삼촌들 주접이 날로 심해져~!
짹짹..
하하! 봐줘요.
워낙에들 기뻐서 그래요.

*〈정사〉 유비 부부, 40대에 아이를 갖다.

나도
너무너무 좋아서
온몸이
터질 것 같은데…
YOU B
1
유표를 모시는
신야현의 주인
산전수전 다 겪은 장수
유비 字 현덕

(형)님, 그… 뭐냐…
요즘 맨날 정원에 앉아서
노네?
음ㅎㅎ? 어어.
무릎이 너무 아파서…ㅠㅠ
까끌한 눈칫밥을
먹는데도
살은 붙는구나…

*〈고사성어〉 비육지탄髀肉之嘆 : 허벅지에 살이 쪄 한탄하다.
유비가 유표 밑에 들어와 7년간 머무니, 말 타고 싸울 일이
없어지자 살이 붙어 한숨지었다는 이야기에서 유래.

허허. 거 미안하네,
아우님!
까끌한 눈칫밥만 먹여서.

제13권, 「적벽대전」 1부로 이어집니다

삼국지톡

삼국지톡 12

초판인쇄 2026년 1월 2일
초판발행 2026년 1월 9일

글 무적핑크
그림 이리
기획·제작 YLAB

책임편집 이보은
편집 김지애 김지아 김해인 조시은
디자인 이현정 이혜정
저작권 박지영 형소진 주은수 오서영 조경은
마케팅 정민호 서지화 한민아 이민경 왕지경 정유진 한경화 정경주 김혜원 김예진 이서진
브랜딩 함유지 박민재 이송이 박다솔 조다현 김하연 이준희
제작 강신은 김동욱 이순호

펴낸곳 ㈜문학동네
펴낸이 김소영
출판등록 1993년 10월 22일 제2003-000045호
주소 10881 경기도 파주시 회동길 210
전자우편 comics@munhak.com
대표전화 031-955-8888 | 팩스 031-955-8855

인스타그램 @mundongcomics
카페 cafe.naver.com/mundongcomics
트위터 @mundongcomics
페이스북 facebook.com/mundongcomics
북클럽문학동네 bookclubmunhak.com

ISBN 979-11-416-0212-3 04910
978-89-546-7111-8 (세트)

www.munhak.com